Incontri a Sichar

6

Per informazioni sulle opere pubblicate
e in programma rivolgersi a:

Edizioni Terra Santa
Via G. Gherardini 5 - 20145 Milano (Italy)
tel.: +39 02 34592679 fax: +39 02 31801980
http://www.edizioniterrasanta.it
e-mail: editrice@edizioniterrasanta.it

FULVIO CANETTI

Guerra e Shoà

Frammenti di memoria

edizioni
terra santa

Progetto grafico: Elisa Agazzi

Proprietà letteraria riservata
Fondazione Terra Santa - Milano

Finito di stampare nel gennaio 2014
da Corpo 16 s.n.c. - Bari
per conto di Fondazione Terra Santa
ISBN 978-88-6240-209-5

Ai miei figli
Sara, Samuele, Miriam, Elisabetta, Jonathan

«Perché i goyim congiurano
e i popoli cospirano invano?
Si levano i Re della terra
contro il Signore e il Suo Messia»
Salmo 2,1-2

Prologo

Nel vivo della Pasqua ebraica si legge nelle comunità ebraiche di tutto il mondo la *haggadà* di Pesah, che racconta la storia del popolo ebraico nella sua uscita dalla terra d'Egitto, terra di schiavitù, verso la propria libertà. Sono quattro i figli, che parlano. Il saggio, il ribelle, il semplice e quello che non sa fare domande. Evento "unico" nella storia dell'umanità, l'uscita dalla terra d'Egitto non è stata una rivolta di schiavi ma una liberazione di un intero popolo, seguita dalla Rivelazione sinaitica con il dono della Torah di D-o[1] Benedetto al popolo ebraico.

Nella *haggadà* di Pesah i quattro figli raccontano questa storia secondo la loro particolare identità, esprimendo la propria opinione sull'accaduto nel regno del Faraone con le armi della saggezza, della critica, della semplicità e dell'innocenza.

Ho voluto in questo mio lavoro sulla Shoà ripercorrere la stessa strada della *haggadà*, trattando della memoria salvata, del razzismo, del genocidio e della giustizia mancata.

Nella *haggadà* di Pesah il popolo ebraico è guidato dal profeta Mosè, che vince il Faraone, re d'Egitto. Nella Shoà il popolo ebraico, profeta disarmato, viene assalito dalle forze del male e della distruzione.

Nella *haggadà* di Pesah il popolo ebraico, passando tra le acque del mare di "canne", raggiunge il deserto del Sinai, dove riceve le tavole della Legge. Nella Shoà il popolo

---

[1] Per rendere il tetragramma sacro YHWH, che gli ebrei non pronunciano, è stata scelta la formula D-o, come suggerito dall'Autore (*ndr*).

ebraico, conservatosi miracolosamente attraverso i secoli, subisce un annientamento totale da parte della barbarie del super-uomo nazista.

La storia, come un grande orologio del tempo, oscilla con il suo pendolo tra libertà e schiavitù, tra bene e male, dove il racconto acquista fondamento per dare stabilità e conoscenza alla nostra società civile, perché possa imparare a costruire il suo futuro.

Ancora oggi, a settant'anni di distanza dall'evento "unico" della Shoà, non possediamo un racconto storico degno di tale nome che possa aiutare gli uomini a capire la tragedia accaduta e la profondità del male praticato. Auschwitz non è stato il silenzio di D-o, bensì il "silenzio" dell'uomo che, rompendo il patto di Alleanza con la Legge, compiva il male nei confronti del suo prossimo, con orgoglio, arroganza e sfrontatezza.

Per questo grande "crimine" commesso dall'uomo, raccomandare il silenzio è sbagliato. Necessita invece di una sana e decisa presa di coscienza e di testimonianze, nelle parole e nei fatti, da parte della società civile, garante di una "etica" nei rapporti umani.

La Shoà è un segno dei tempi e tutti gli uomini hanno il dovere di riflettere su questo avvenimento singolare per capire la forza del male presente nella Storia e combatterlo. È impossibile negare la presenza del "male" nel mondo e pertanto è necessaria, da parte dell'uomo, un'esistenza attiva che affronti questa tremenda realtà senza formule magiche né sogni romantici, per poterla sconfiggere.

È auspicabile, a tale proposito, la nascita di una *haggadà* storica della Shoà come racconto-testimonianza del "genocidio" perpetrato ai danni del popolo ebraico, per domandarsi se e quanto gli uomini siano lontani da quell'abisso. La Shoà così intesa rappresenterebbe allora il simbolo di tutte le tragedie storiche dell'umanità. Per estirpare questo cancro è giusto e doveroso fare delle leggi appropriate, ma non bastano. Il terreno privilegiato per contrastare questo "peccato" è la scuola, dove il "racconto" acquista un valore unico e insostituibile.

È un percorso di "*Teshuvà*-Pentimento" che riguarda quella "parte cattiva" del nostro mondo, sempre incinta del mostro totalitario, che vede la pagliuzza negli occhi di Israele e si ostina a non vedere la trave nei propri occhi, pieni di falsità e di omissioni riguardo all'antisemitismo.

Scrivere di queste cose è stato per me durissimo, e allora perché farlo? Per ricordare. Chiunque volti le spalle o chiuda gli occhi di fronte alla Shoà offende non solo la memoria delle vittime, che gridano "Giustizia", ma l'uomo stesso creato a immagine di D-o.

Introduzione
di Sergio Magaldi

La strada del ricordo.
Perché scrivere una lettera ad Anna Frank?

C'è in questi racconti di Fulvio Canetti il tentativo di saldare insieme memoria storica e ricordi personali, testimonianza e sogno, lavoro ingrato sospeso tra metastoria e metaletteratura.

Non starò a verificare se l'operazione sia riuscita e magari sia nato un genere letterario nuovo, diverso persino dal racconto o dal romanzo storico. Quello che mi preme sottolineare è che il Canetti, dalla materia trattata, consapevolmente o meno trae tre motivi di riflessione, tre ragioni nuove e diverse di porsi di fronte alla Shoà e, più in generale, di fronte alla vita.

Perché dunque scrivere una lettera ad Anna Frank? C'è forse nell'autore il desiderio di compiacere i lettori, oppure perché la piccola Anna simboleggia i sei milioni di ebrei assassinati nella Shoà? Miep Gies[1] afferma che «la vita e la morte di Anna sono un destino individuale» anche se accaduto sei milioni di volte. Nulla di tutto questo.

E allora? La realtà è che Fulvio scrive oggi le pagine di un

---

[1] Miep Gies (1909-2010), già dipendente e poi amica dei Frank, fu tra le persone che aiutarono Anna e la famiglia a nascondersi ad Amsterdam; fu lei a trovare il famoso *Diario* e a consegnarlo al padre Otto dopo la guerra (*ndr*).

diario che Anna scrisse quando egli aveva una decina di anni meno di lei e non sapeva né leggere né scrivere. Fulvio ricorda oggi quelle pagine non scritte e parla con la consapevolezza dell'uomo che può commuoversi della propria infanzia violata, perché è in grado di ricordarla. Dall'incontro del bambino di allora con l'uomo di oggi, nasce la letteratura che ognuno potrebbe scrivere alla propria compagna di giochi, cioè la guerra e soprattutto l'identità ebraica.

Un pretesto, questo, per raccontare di se stesso? In un certo senso sì, perché il bambino Fulvio non sa nulla della Prinsengracht 263 di Amsterdam[2], né dell'alloggio nascosto di Anna, dove è rimasta segregata per due anni, né tanto meno, e per sua fortuna, conosce i treni dai vagoni piombati diretti a Bergen-Belsen. L'uomo Fulvio potrebbe parlarne, ma sarebbe lavoro da biografo. Il bambino Fulvio conosce invece la grotta-rifugio, la tana "kafkiana", come egli la chiama, nella valle del fiume Liri, dove apprende la morte del padre. Della segregazione non ha che una fugace esperienza, anche se subisce il trauma del "sepolto vivo" e della fame, che nel suo diario della memoria appare come un'ossessione.

Ecco allora il senso dello scrivere una lettera ad Anna Frank che ogni bambino ebreo e non ebreo – oggi adulto – potrebbe scrivere commisurando la propria infanzia violata a quella dell'infelice Anna. Tante virtuali candeline accese per illuminare le coscienze e aiutarle a riconoscere il demone della guerra, dell'intolleranza e delle persecuzioni. Perché se è vero – come scrive Anna – che in ogni uomo c'è un "pezzetto" di D-o, occorre fare in modo che quel pezzetto si impadronisca del resto dell'uomo e lo trasformi, altrimenti nulla potrà cambiare davvero.

In *La vita di Cady*, uno dei racconti più riusciti di Anna

---

[2] Indirizzo del nascondiglio segreto dei Frank (*ndr*).

e che non fa parte del *Diario*, nel colloquio tra Cady e una donna inferma, vicina di letto nel sanatorio, si misurano due concezioni, entrambe presenti nell'animo della giovane scrittrice. Da una parte la speranza, dall'altra un pessimismo che trascende anche la sua personale sorte, di cui pure il suo inconscio pare avvertito con rassegnazione. Cady confida a se stessa che D-o si manifesta nei suoi pensieri. Ma la donna che giace nel letto accanto al suo è oscuramente profetica: «Io non credo nulla – ella dice – delle voci che dicono che fra qualche mese tutto sarà finito. Una guerra dura sempre di più di quello che credono gli uomini»[3]. Anna fa parlare qui l'altra metà della sua anima: la guerra è la condizione stessa del genere umano. Dopo ogni guerra gli uomini dicono:

> Questo non accadrà più, è stato così terribile, bisogna evitare a qualsiasi prezzo che si ripeta. Ma di nuovo gli uomini devono combattere gli uni contro gli altri e questo non cambierà mai. Finché sulla terra vi saranno degli uomini saranno sempre in lotta e quando vi sarà la pace cercheranno nuovi pretesti per scontrarsi.[4]

L'eccidio di Caiazzo.
L'impunità degli assassini

Il racconto dell'eccidio di Caiazzo[5] è emblematico per quanto riguarda la questione dell'impunità degli assassini. Il caso del boia tedesco Emdem, responsabile della strage, testimonia l'indifferenza, l'ignavia, la vigliaccheria e soprattutto le complicità che hanno impedito, in questo come in migliaia

---

[3] A. Frank, *Racconti dell'alloggio segreto*, Torino 1983, p. 151.
[4] *Ivi*, p. 152.
[5] La strage di 22 civili compiuta dai tedeschi il 13 ottobre 1943, sotto il comando del sottoufficiale Wolfgang Emden, nella località in provincia di Caserta (*ndr*).

di altri casi, che fosse resa giustizia. Credo tuttavia che il problema non sia più quello di chiedersi perché tanti assassini siano rimasti impuniti, quanto piuttosto di interrogarsi sul perché l'opinione pubblica abbia sempre ricevuto scarse o nulle informazioni su questa impunità. Non sarebbe venuto il momento di raccogliere in un unico volume tradotto in tutte le lingue – libro bianco della memoria e della vergogna – i vari "curricula" dei criminali nazisti e dei loro giudici? Non certo per spirito di vendetta, ma per bisogno di "sapere" giacché la conoscenza fu sempre per l'uomo strumento di salvezza e non di perdizione.

Sorprende in proposito l'atteggiamento tenuto da Otto Frank, padre di Anna, nel corso del processo contro Karl Joseph Silberbauer, il capo delle SS tedesche che fece irruzione nell'alloggio segreto causando la deportazione degli otto ebrei ivi nascosti, tra cui Anna. Silberbauer, nell'aprile del '45, tornò tranquillamente nella sua città di Vienna in forza alla polizia locale, dove restò indisturbato sino all'ottobre 1963 perché mai denunciato dal padre di Anna quale protagonista dell'arresto ad Amsterdam. Furono le ricerche di Simon Wiesenthal[6] ad assicurare alla giustizia il poliziotto che, sospeso dal servizio, tornò al suo posto due anni più tardi grazie alla testimonianza resa dallo stesso Otto Frank, che parlò di "comportamento corretto" da parte della SS durante l'arresto.

Melissa Müller, in una recente biografia di Anna Frank[7], ha ricostruito così il dialogo più importante che si svolse quel mattino del 4 agosto 1944 tra Otto Frank e Silberbauer:

---

[6] Ebreo austriaco (1908-2005) liberato dal campo di concentramento di Mauthausen nel 1945, dedicò la sua vita alla caccia ai criminali di guerra nazisti (ndr).

[7] M. Müller, *Anne Frank. Una biografia*, Torino 2004.

«Di chi è quella cassa?», chiede Silberbauer.

«È mia», risponde Otto, dicendo la verità. In lettere ben leggibili il coperchio con i rinforzi in ferro riporta la scritta: "Sottotenente della riserva Otto Frank". «Durante la prima guerra mondiale ero ufficiale».

«Ma ... », Karl Silberbauer è visibilmente a disagio. Quella cassa non dovrebbe essere lì. Turba la sua routine. «Ma perché non si è presentato?». Secondo la gerarchia militare Otto Frank è un suo superiore. Frank, un ebreo. «Sarebbe andato a Theresienstadt», puntualizza, come se il lager di Theresienstadt fosse una casa di cura per convalescenti.

Inquieto, l'uomo delle SS si guarda intorno, evitando di incontrare lo sguardo di Otto Frank, che se ne sta lì tranquillo.[8]

C'è forse un altro aspetto, in questa vicenda, che meglio chiarisce l'atteggiamento del padre di Anna. Miep Gies è colei che rende possibile il rifugio nell'alloggio segreto. Per questa ragione la Germania le conferisce la Croce federale al merito, lo Yad Vashem di Gerusalemme le consegna la medaglia d'onore dei "Giusti fra le nazioni" e la regina d'Olanda la nomina Cavaliere dell'ordine di Orange-Nassau. Viennese come Silberbauer, al momento dell'arresto degli ebrei la donna si sente gridare in faccia dalla SS: «Traditrice, non si vergogna ad aiutare questa gentaglia ebrea?». Ma in realtà non solo non viene arrestata, ma le viene consentito di restare nell'edificio, cosa che le permetterà di raccogliere e nascondere il *Diario* e gli altri scritti di Anna.

---

[8] *Ivi*, p. 10.

Il "Cesare" di Primo Levi.
Gli interrogativi "metafisici" del partigiano Lello Perugia

Nel corso della breve intervista che Lello – il "Cesare" de *La Tregua* di Primo Levi scomparso nel 2010 – concesse a Fulvio, emergono tre interrogativi inquietanti a cui l'intervistato non pretende di dare risposta, sembrando il suo intento più un invito alla riflessione che un accertamento della verità.

1 - Perché i nazisti volevano far scomparire il popolo ebraico dalla faccia della terra?

In risposta alla sua stessa domanda, Lello osserva che questa volontà fu davvero diabolica e che forse l'intera questione è di natura metafisica, cosa che nelle sue intenzioni equivale ad affermare l'impossibilità della risposta. Certo, la volontà del genocidio non sembra prerogativa dell'universo nazista in quanto questa è stata sempre presente nella storia; la storia, tuttavia, sebbene mostri a noi tutti esempi molteplici di massacri di massa, non reca neppure un caso che sia assimilabile alla "soluzione finale" progettata dai nazisti contro gli ebrei, che sono un popolo solo agli occhi di D-o Benedetto ma che, per tutto il resto, hanno sempre saputo integrarsi e assimilarsi con tutti gli altri cittadini nei loro paesi di appartenenza. A meno che non si affermi che la moderna idea di genocidio consista proprio nella volontà di cancellare dalla storia i propri nemici finanziari, ma anche in questo caso il progetto nazista della soluzione finale avrebbe il crisma dell'unicità. Ma questa idea folle non ha trovato mai effettivo riscontro nella realtà, perché gli ebrei tedeschi ricchi si sentivano parte integrante del popolo tedesco e della finanza tedesca. Che dire poi dello slogan tanto diffuso nell'Italia di Mussolini, che gli ebrei sono tanto capitalisti, quanto comunisti?

Ha ragione Lello. Possiamo continuare a esaminare la questione all'infinito, ma è difficile rispondere in modo conclusivo.

2 - Perché il colonnello delle SS Kappler chiese alla Comunità ebraica di Roma proprio "cinquanta" chili d'oro per scongiurare la deportazione?

Ecco un secondo interrogativo che Lello definisce "metafisico". Egli, che si considerò sempre un laico, affronta una questione in prospettiva religiosa nell'ambito della tradizione ebraico-cabalistica. Non credo che Lello si intenda di ghematrìa[9], ma è lecito supporre dalle sue risposte che Kappler sia stato ispirato, anche a sua insaputa, da qualche demone del male.

Il parametro 50 è quello della luce, in questo caso "oscura" come la parola *iam* che in lingua ebraica significa "mare", simbolo dei segreti dell'inconscio, e corrisponde al 50 che è anche la cifra del nome Jezabel, la regina malvagia adoratrice di Baal, che tentò di sterminare i profeti del D-o Unico; cento di questi vennero salvati in due grotte a gruppi di 50 (cfr. 1Re 18,13) mentre Jezabel finì sbranata dai cani.

3 - Perché ci siamo lasciati massacrare senza combattere?

Lello considera metafisico anche questo terzo interrogativo in quanto ai suoi occhi appare inconcepibile essersi lasciati massacrare senza neppure opporre resistenza, essendo egli un partigiano che, prima di essere deportato ad Auschwitz, aveva combattuto contro i nazifascisti. Lello fa proprie le parole di sua madre Emma che, con determinazione, avrebbe destinato quei 50 chili d'oro all'acquisto di armi per combattere il tiranno nazista Ma i soliti benpensanti ebrei, invece di ribellarsi, hanno accettato per buone le lusinghe del carnefice, sbagliando (e di grosso). Anche laddove la ribellio-

---

[9] Studio numerologico dei termini scritti in lingua ebraica, applicato soprattutto in ambito cabalistico. In virtù di questa "tecnica" ad ogni parola è associato un valore numerico (*ndr*).

ne a Lello appare impossibile, per la condizione disumana in cui le SS avevano ridotto gli ebrei, non trattiene un moto spontaneo dell'anima nell'attribuire alla rivolta dell'ultimo *sonderkommando*[10] di Auschwitz, nell'ottobre 1944, il merito di aver rallentato le esecuzioni nelle camere a gas, distruggendo con la dinamite il crematoio 4 del lager.

---

[10] Le "unità speciali", composte in larga parte da ebrei, costrette a collaborare con le autorità naziste nella gestione dei campi di sterminio (*ndr*).

LA STRADA
DEL RICORDO

Lettera ad Anna Frank

Prefazione
di Georges de Canino[1]

Questo racconto rivela una poesia nascosta, in una dimensione tutta sua, che il medico Fulvio Canetti ha voluto farci conoscere. L'autore raccoglie nelle sue pagine emozioni che germogliano in un cuore attento, e mappe dolenti e intime che rivelano un'infanzia vissuta negli spazi infiniti della sua famiglia di origine sefardita.

La sua storia è quella di un uomo che ha riflettuto sugli avvenimenti tragici della guerra, vissuti da testimone, e come tale è rimasto per tutta la sua vita. Tragedie svoltesi nell'Italia ferita, in una terra devastata dalla violenza di una guerra senza fine, in un Meridione ancora una volta sconfitto.

Chiunque può, dovrebbe scrivere per testimoniare. Chi mai parlerà per gli innocenti spazzati via come polvere dall'esercito tedesco invasore? Chi mai seppellirà e darà un nome ai milioni di esseri umani arsi e cancellati dal fuoco assassino? Guernica, Varsavia, Stalingrado, chi vi ricorderà? L'assedio di Leningrado non ha avuto il suo Omero per eternare nei secoli l'urlo e la fame di un popolo massacrato.

L'Italia ha conosciuto una guerra non voluta, alleata a un esercito di belve e depauperata delle sue forze vitali libere e operose. L'Italia ha conosciuto, in piena occupazione del suo territorio, la barbarie e l'orrore delle armate tedesche e infine la liberazione da parte degli Alleati.

---

[1] Artista romano e antifascista, ha donato al Museo storico della Liberazione di via Tasso, a Roma, alcune delle sue opere pittoriche.

Nel racconto di Fulvio Canetti sono presenti visioni forti che rimandano a quell'età splendida che è l'infanzia, incorniciata da profumi e da colori come una luce non sottoposta ai passaggi dei secoli. Malgrado quell'età ricca di scoperte e di tenerezze, il bambino ha visto apparire le ombre tragiche dell'orrore e della paura materializzate dalla presenza dei soldati tedeschi, visti e conosciuti nel loro quotidiano.

Lo scritto di Canetti viene pubblicato in una situazione particolare, in un periodo di revisionismo storico europeo molto pericoloso. È una vera e propria dichiarazione di fiducia nell'uomo e di amore per la libertà. Vi è un'urgenza a dichiararsi, a dichiarare al mondo il dolore del bambino ferito e lo sgomento dell'adulto che ricorda.

L'autore ha intrapreso il viaggio della memoria con gli strumenti della poesia, per rivolgersi alle sue ombre che sono ora i mostri dell'egoismo, del razzismo e dell'indifferenza. Egli, oltre agli squarci del suo racconto, ha costellato i ricordi e le ferite del tempo con alcune riflessioni personali, in relazione al candore delle sue emozioni e della sua storia. Talvolta i ragionamenti e le convinzioni degli adulti finiscono per appiattire e reprimere il canto dell'anima. Poco importa: Fulvio Canetti ha dato testimonianza di giustizia alla sua terra di nascita, raccontando quelle sofferenze che appartengono alla memoria collettiva delle persone. È il miglior omaggio al Meridione, alla bella Italia che spera, che vive e che ama.

È giunto il tempo di ricordare, è giunto il tempo di costruire e di difendere il cuore dell'infanzia. Bambini del mondo, gridate il vostro nome in tutte le lingue sulla nostra terra!

La strada del ricordo

Cara Anna,

una donna che mi teneva in braccio è il mio primo ricordo. Era un volto sereno e dolce, quello di mia madre, ornato da capelli scuri e da grandi occhi che sembravano riflettere un futuro roseo e pieno di speranze per un bimbo che si stava affacciando alla vita. Ma la guerra era già alle porte di casa. Alla notizia dell'arrivo delle forze di occupazione tedesche, la mia famiglia abbandonò in fretta la propria abitazione, rifugiandosi in dimore precarie sulle colline circostanti, più appartate e distanti dai centri abitati.

Dalla via Casilina, la statale n. 6 che congiunge Napoli e Roma, si alzavano nuvoloni di polvere provocati dal passaggio dei carri armati tedeschi, mentre il loro assordante rumore si avvicinava minaccioso alle nostre contrade.

Era proprio la guerra. Con i cuori pieni di paura, cercavamo di sistemare le nostre cianfrusaglie nella nuova casa di montagna: due semplici stanze, una per gli uomini al piano inferiore, l'altra per le donne a quello superiore, con un servizio igienico all'aperto. Non lontano vi era un'altra casa, forse più grande, con un pozzo per attingere l'acqua. Tra le due, una grotta naturale che sarebbe servita come rifugio in caso di attacchi aerei.

Il fronte di guerra, situato nella piana di Cassino, distava solo poche miglia dalla nostra contrada. Eravamo tanto vicini al fronte da sentire saltuariamente i boati delle esplosioni durante i combattimenti tra gli Alleati e l'esercito tedesco, arroccato ai piedi della storica abbazia benedettina sulla cima di Montecassino. Il comando germanico prese possesso dell'altura come postazione di difesa e di osservazione sulla vallata sottostante per impedire il passaggio a truppe e carri nemici; sulla montagna costruì casematte in cemento, scavò bunker e piazzò potenti cannoni. Era la famigerata linea di difesa Gustav, su cui le forze al comando del generale von Utterling, per ordine di Hitler, avrebbero dovuto attestarsi per sbarrare la strada agli Alleati, ritardando così la loro avanzata verso il cuore della Germania. I tedeschi fecero saltare le dighe sul fiume Rapido in modo da allagare tutta la pianura circostante, trasformandola in una grande palude impraticabile. A questi vantaggi strategici per gli occupanti si aggiungevano anche le macerie della città di Cassino risultanti dai ripetuti bombardamenti alleati, che costituivano un'ulteriore elemento utile alla difesa del territorio.

Nel nostro paese di Fontana Liri[2] eravamo come in una grande clessidra: sopra l'armata tedesca, sotto gli eserciti alleati e nel mezzo il fronte di guerra di Cassino; ma anziché sabbia scorreva sangue.

Un giorno di sole autunnale, gironzolando nella campagna alla ricerca di qualche frutto per lenire la fame, sentii abbaiare dei cani e delle urla straniere. Corsi subito verso casa e vi trovai un nugolo di persone con le spalle al muro sotto la minaccia delle armi tedesche: tra queste persone, anche i miei familiari. Ricordo un soldato provvisto di frustino che teneva un cane al guinzaglio, impaziente di mordere. Mi infilai furtivamente tra le gambe del nonno in cerca di protezione.

Cosa stava succedendo? La Gestapo, su soffiate ricevute

---

[2] Piccolo centro in provincia di Frosinone, circa 30 km a nord-ovest di Cassino.

da delatori del paese stesso, era alla ricerca nei dintorni di soldati alleati paracadutati nelle retrovie per svolgere azioni di sabotaggio. Nel gruppo di nazisti, anche un interprete con una benda su un occhio che faceva domande a tappeto.

Zio Lello per timore si era rifugiato al piano superiore della casa, quello riservato alle donne: gli dissero di scendere. Mentre era sulle scale, l'interprete gli pose alcune domande; per sua fortuna, lo zio rispose in dialetto locale: questo fu la sua salvezza. Da ciò, infatti, capirono che era una persona del posto e non uno straniero. I militari frugarono ancora ma, non trovando nulla, se ne andarono, scomparendo alla vista nel fondo della scarpata.

Sembrava tutto finito e il pericolo scampato quando, verso l'imbrunire, si presentò un ufficiale tedesco piuttosto grasso e con un berretto a bustina sulla testa. Se ben ricordo, era accompagnato da un paio di soldati armati. Sostò sul pianerottolo della nostra abitazione, in attesa. Cosa stava cercando? Chiese agli anziani del posto, quindi anche a mio nonno, i nomi dei quattro evangelisti. Davvero una strana domanda, in quel contesto. Ecco, invece, qual era il suo scopo: verificare che tra la popolazione non si nascondessero degli ebrei. Mio nonno, da buon massone, non era molto pratico di affari di Chiesa, per cui iniziò a balbettare. L'atmosfera si fece carica di tensione. Un brivido di terrore attraversò tutta la famiglia quando a un tratto Malvina, una giovane contadina (ma forse un angelo del Signore) che aveva intuito il pericolo, si fece avanti e si presentò come sua figlia, rispondendo correttamente alla domanda. I dubbi della SS si diradarono: accettò per buona la risposta della ragazza e si allontanò dalle nostre case, confondendosi nella notte come un demone del male.

Ma questi episodi non facevano presagire nulla di buono per il futuro. Parte della mia famiglia si spostò quindi

ancor più verso l'interno, nelle vicinanze del paese di Arpino, patria di Cicerone. La nuova abitazione era più grande
e direi anche più confortevole (soprattutto per quanto riguarda i servizi igienici). Godeva di una splendida vista sulla valle e al piano inferiore ospitava un frantoio per le olive.

Abitava nella casa anche una bimba poco più grande di
me di nome Rosalinda, figlia del proprietario che ci aveva
offerto ospitalità: finalmente avevo un'amichetta con cui poter giocare e trascorrere le ultime giornate di sole autunnale.
Ogni tanto scendevamo al frantoio per stuzzicare il povero
asino: volevamo che facesse girare le pesanti ruote di pietra
che servivano a frantumare le olive appena raccolte. Altre
volte andavamo nel pollaio alla ricerca di uova fresche insieme a un cagnolino che, come noi, si divertiva a spaventare le
galline, facendole volare in tutte le direzioni.

Un giorno, girovagando nei campi, mi ritrovai all'improvviso sull'orlo di una grande vasca piena d'acqua. Ebbi paura
perché non ne vedevo il fondo e temevo di caderci dentro.
Rosalinda, invece, ridacchiava sotto i capelli che le coprivano
il volto sornione, mentre continuava a specchiarsi nell'acqua
con manifesta civetteria. La sua tranquillità, dovuta alla conoscenza del luogo, non mi rassicurava affatto e la mia paura
cominciò a salire. Mi ritrovai solo, cercando disperatamente
la mamma, che non riuscivo a vedere nemmeno nella mia
immaginazione. Bloccato di fronte a quell'immenso spec-
chio d'acqua, scoppiai in un pianto dirotto e disperato che
non riuscivo più a controllare, mentre tutto il mio cuore, preso dall'angoscia, batteva all'impazzata.

Guardai istintivamente verso l'unica strada esistente per
fuggire, quando a un tratto vidi un uomo correre verso di me.
Mi prese in braccio, mi disse che la mamma sarebbe tornata
presto e mi chiese se avessi fame. Con un lento cenno della
testa, e con le lacrime agli occhi, annuii. Come per miraco-

lo mi ritrovai seduto a un tavolo davanti a un piatto di carne scura a piccoli pezzi, pronti per essere mangiati. Rosalinda era presente e sembrava fare complimenti. Senza indugio mi tuffai in quel piatto caldo e profumato, che stroncò tutte le mie paure.

Il mondo ora sembrava più bello e la gioia era tornata a invadermi il cuore. A Rosalinda piaceva stare in compagnia del suo cane, sdraiarsi sull'erba ingiallita e alzare in modo disinvolto la gonna per mettere in mostra le gambe; mi permetteva di toccarle, in un gioco piacevole e soprattutto umano nella sua manifestazione erotica, anche se si trattava di bambini che la violenza del mondo aveva scaraventato su di un campo di erbe appassite.

Il tempo intanto incominciava a volgere al freddo e il solstizio d'inverno si avvicinava. Il buio arrivava presto e nelle gelide abitazioni l'oscurità era una compagna inseparabile, data la mancanza di illuminazione elettrica.

Una di queste lunghe sere invernali, ci raggiunse l'eco di spari lontani. Vidi lo sguardo preoccupato di mia madre; il nonno, accanto a me, alzava le mani in segno di impotenza, mentre lo zio Lello era andato a nascondersi sotto il letto. Cos'era successo?

Venimmo a sapere che un ufficiale dell'esercito britannico, tale Victor Tames Crosby, era stato paracadutato dietro la linea del fronte di Montecassino per organizzare sabotaggi ai danni delle retrovie tedesche. Gli immancabili delatori del luogo, forse gli stessi fascisti, avevano già compiuto il loro sporco lavoro di spie e un commando tedesco di Alpenjäger era già sulle sue tracce. Lo trovarono nascosto in un casolare; non lo fecero prigioniero, lo freddarono sul colpo.

Agli spari seguirono urla disumane, mentre i passi dei soldati si avvicinavano alla nostra abitazione con un crescendo inquietante. Poi un tonfo, come se qualcosa fosse stato gettato sulla strada adiacente alla nostra casa. Ricordo allora sull'uscio, il volto nella penombra, uno di questi assassini tedeschi che osservava immobile ogni cosa senza proferire parola. Il nonno, ostentando sicurezza, si accarezzava la barba bianca in segno di estraneità ai fatti. Ma come spiegarlo? L'ufficiale inglese era stato sicuramente aiutato dalla gente del posto: questa volta la rappresaglia sembrava davvero inevitabile. Nell'interminabile attesa, come trascinato da una macchina del tempo, mi rivedo nella grotta-rifugio insieme a Malvina che mi tiene per mano; usciamo sul pianerottolo di casa alla luce del sole: Malvina indossa un grembiule insanguinato; giunta al muro esterno, proprio dove c'era stato l'interrogatorio con la SS, Malvina prende dei fiori di lavanda, gettandoli nell'aria.

Sognai ad occhi aperti. Al mio risveglio, il feroce soldato tedesco, dal volto marmoreo, non sostava più sull'uscio di casa. Accanto a me, sul letto, ora sedeva lo zio Lello, con la testa tra le mani in segno di scampato pericolo. L'odore di lavanda aveva forse messo in fuga l'angelo della morte?

Alle prime luci dell'alba (io ero in braccio a mia madre, avvolto in una coperta di panno verde), fuggimmo verso un luogo ancora più nascosto, in una baracca di legno mezza sgangherata e pericolante in cima alla collina. Alla partenza, poco distante dalla nostra abitazione, sotto un albero di ciliegio intravidi un lenzuolo bianco macchiato di sangue, simile a un grembiule steso per ricoprire qualcosa: il corpo privo di vita di Victor Crosby.

Nella notte oscura d'Europa, l'angelo della morte aveva saltato le nostre case. Era il 12 dicembre 1943. Questa la data impressa sulla lapide commemorativa nel parco Crosby di Fontana Liri, dove con una strana inesattezza al posto di "barbari nazisti" è stato scritto "barbari Unni".

Il freddo dell'inverno era alle porte e le montagne dell'Abruzzo cominciavano a rivestirsi di neve. Per nostra fortuna, però, il tempo rimaneva clemente e non pioveva, ciò che rendeva il soggiorno nella baracca meno duro. Non conservo molte memorie di quel periodo, a parte un sentimento di solitudine. Ricordo che soldati tedeschi in giro non se ne vedevano, e questo non era poco. Ogni tanto, in lontananza, sentivamo il fischio di una locomotiva che, dall'alto, sembrava un lungo serpente d'acciaio, con il suo carico di vettovaglie e rifornimenti diretto al fronte di Cassino. Conservo bene, invece, un'immagine precisa: un bel giorno di sole, mia madre si presentò con un pezzo di pane su cui mise del burro e dello zucchero. Come sempre mangiai senza fare complimenti e con appetito. Ancora oggi mi sembra di sentire in bocca quel sapore pastoso di burro insieme a una sensazione di dolce che, in qualche modo, nella mia mente di bambino compensavano la mancanza di affetti familiari in quelle circostanze drammatiche.

Mia madre si rese conto ben presto che la vita solitaria in quella baracca comportava comunque dei rischi. Pertanto, passata sulle nostre teste la tempesta della violenza tedesca, decise di tornare nella primitiva abitazione, dove Malvina sarebbe sicuramente stata contenta di rivederci. E così fu. A una domanda di mia mamma su quale fosse la ragione di questa volontà di protezione nei nostri confronti, Malvina rispose: «Abbiamo solo Fulvio». Questa risposta quanto mai misteriosa mi stupì, perché vi erano anche altri bambini che giocavano con me nella contrada Renzitti.

Comunque la mia felicità nel ritornare fu grande. Ritrovai la mia grotta-rifugio, la mia tana kafkiana con la paglia sul pavimento, le pareti naturali e un piccolo "nascondiglio", a destra dell'entrata. In più, una sorpresa: non molto distante era stata realizzata a mo' di stalla una specie di staccionata dove vivevano alcune pecore da latte. Ebbi il compito, insieme alla zia Mafalda, di portare queste bestie al pascolo e ogni tanto anche Malvina ci accompagnava, trovandosi bene in nostra compagnia.

Un giorno, eravamo al pascolo, seduti su dei grossi sassi, udimmo sempre più vicino il rombo di un aereo. Dall'intensità, pareva più il rumore di un piccolo aereo da ricognizione. Non c'era stato nessun allarme, per cui doveva essere tedesco. Avanzava lentamente al di sopra del manto boschivo, non lontano da terra. Disegnò una piccola circonferenza volteggiando sulle nostre teste e di nuovo si diresse verso di noi, da dietro la collina da cui era spuntato. All'improvviso Malvina, senza dire nulla, ci prese per mano e ci buttò insieme a lei sotto i grandi massi di pietra. Il piccolo aereo spuntò di nuovo minaccioso al di sopra degli alberi, scendendo in picchiata. Iniziò a sparare con la sua mitragliatrice nell'intento di colpire il bersaglio: le raffiche erano dirette proprio a noi! Le pecore, impaurite, scappavano in tutte le direzioni. Non mi rendevo conto del pericolo che stavamo correndo, mi preoccupavo solo per le pecore e per il latte che avremmo perso.

I proiettili cadevano infuocati sul terreno vicino ai nostri corpi, che si contraevano dal terrore. Sentivo la pelle delle gambe bruciare per gli schizzi di fango bollente sollevati dalla pioggia mortale. Il pilota tedesco tentava di colpirci senza alcun motivo, solo per un sadico divertimento, e sicuramente dall'alto del suo aereo rideva, il vile super-uomo di carta di cui la Germania nazista era piena. Niente avrebbe fatto pensare a un gesto di così efferata violenza se non la volontà assassina di uccidere proprio degli esseri umani. Le stesse pecore, infatti, furono risparmiate. Malvina aveva sentito, se non addirittura letto i pensieri malefici del pilota e come un piccolo "golem"[3] aveva salvato le nostre vite.

---

[3] Mitica figura con sembianze umane della tradizione cabalistica ebraica che, se evocata, sarebbe in grado di intervenire in difesa del popolo ebraico (ndr).

Nella grotta-rifugio la nostra "compagnia di giochi" andava avanti in barba alla guerra. Ad essa si era aggiunto un dirimpettaio, Mimmino detto "la Casella", che riusciva ad azzannare il pane di ghiande, tenendolo poi ben stretto tra i denti per paura di esserne derubato.

Per l'arredo interno della nostra tana avevamo avuto l'aiuto di un certo Cerrone, un ragazzotto molto più grande di noi che era riuscito a costruire una specie di cancello di legno per separare il braccio destro della grotta dal resto della dimora. Lo spazio così creato, quasi una "dependance", era grazioso e intimo, situato com'era nella penombra della cavità. Era stato ammobiliato con una grande e bassa botte di legno, dove potevamo rifugiarci senza essere disturbati.

Ricordo che un giorno Silvio, il muratore, scavò con un piccone una buca nella grotta, a sinistra dell'ingresso, mentre con la cazzuola cercava di modellarne le pareti. Sull'orlo della buca, un baule di colore verdastro, dove la mamma aveva nascosto i suoi oggetti più cari: stoffe finemente ricamate, vasellame prezioso, monete d'oro e d'argento ricevute in regalo il giorno delle nozze. Era tutto ciò che restava della nostra ricchezza, inghiottita dalla cattiveria del mondo. Il mio povero babbo era già stato portato via dalla guerra, e la nostra famiglia distrutta dalla sua implacabile violenza. Nessuno in casa parlava di questa grande perdita per non arrecare dolore alla mamma, che per tutto il resto della sua vita non riuscì a elaborare fino in fondo questo lutto tremendo.

Con la cazzuola, Silvio tolse i rimasugli di terra, mentre con la livella si accertò che tutta la superficie inferiore della buca fosse in piano. Non appena il lavoro fu ultimato, il baule venne fatto scendere nella fossa. Mia madre, rimasta sola, nascose alla vista del mondo profano tutta la sua ricchezza, senza disperare, confidando che in un prossimo futuro quel tesoro benedetto sarebbe servito al bene della nostra famiglia.

«Utopie», puoi dirmi, cara Anna, ma anche nel tuo rifugio in Olanda esisteva un "baule" che ha conservato tutta la tua ricchezza, che il mondo oggi conosce. Ti ho visto come in sogno scavare nella terra nel tentativo di nascondere qualcosa di tuo, mentre la luce della tua esistenza si stava spegnendo. Hai dovuto attraversare la notte più buia dell'Europa e morire. Ma durante questo breve viaggio nel tempo mi hai chiesto dei pesci, quelli rossi che vivono nella cantina di mio padre, che sono sfuggiti a una morte crudele. Con le lunghe dita della mano mi hai indicato i tuoi denti bianchi per farti baciare un'ultima volta, mentre il fango sulla tua pelle iniziava a sciogliersi. Il tuo corpo allora, in quella tragica circostanza, emanò una potente luce per la nostra vita.

Di tutte le notizie che circolavano nella contrada Renzitti, quella di una possibile evacuazione sembrava la più probabile. Il fronte di Montecassino, attaccato dai bombardamenti anglo-americani, stava per crollare e le armate tedesche si sarebbero presto dovute ritirare verso il Nord Italia, attestandosi su un'altra linea difensiva situata sull'Appennino tosco-emiliano, la linea Gotica.

Una terribile giornata d'inverno assistemmo dalle nostre abitazioni al bombardamento dell'abbazia benedettina da parte degli aerei alleati. In lontananza, sulla montagna, scorgevo il fuoco commisto a denso fumo che si sprigionava dalle esplosioni, il cui rumore sordo penetrava nelle orecchie. Peppino, un dirimpettaio, mi prese in braccio senza dire nulla; dalla sua bocca solo suoni incomprensibili di stupore e incredulità.

Dopo quella tremenda visione, ci preparammo al peggio.

Il nonno, previdente, aveva cotto del pane senza lievito, tipo pane azzimo, in modo che potesse resistere più a lungo durante un eventuale spostamento forzato sulle colline dell'interno. Recuperare il cibo sarebbe certamente stato difficile, ma trovare un tetto lo sarebbe stato ancora di più. La gente della contrada, disperata, si chiedeva: «Ma dove andremo ad abitare?». Il nonno sistemò questo pane-galletta in un sacco e nascose il tutto, nella speranza che nessuno lo scovasse. Ma l'illusione durò poco.

Quella notte, dall'armadio dove spesso si rifugiava lo zio Lello per scampare alle retate tedesche, sentimmo uno strano rosicchiare, simile a quello di un topo. Non c'era da meravigliarsi, la zona ne era piena. A un certo punto, però, il rosicchiamento aumentò: il rumore pareva eccessivo per la minuscola bocca di un topo di campagna. Il nonno, con passo felpato, si accostò all'armadio. Ne aprì piano le ante. Con stupore, nel doppio fondo vide l'amico Stefano, detto Trincucca, che rosicchiava tranquillamente le nostre gallette. Non vi furono nemmeno delle scuse da parte di questo "signor topo", ma i rapporti non si guastarono: la precarietà dell'esistenza ci accomunava tutti.

I soldati tedeschi continuavano a imperversare nelle nostre contrade, coadiuvati ora dai paracadutisti della divisione Hermann Göring venuti a dar man forte ai loro camerati di stanza al fronte.

Una notte, senza motivo alcuno e forse in preda ai vapori dell'alcool, questi nuovi arrivati demolirono il muro di pietra che separava la nostra grotta dalla strada adiacente. Il loro sadico divertimento consisteva nell'impaurire noi che eravamo nel rifugio, gettando quei massi sull'apertura della grotta per impedirci di uscire. Qualcuno mi prese in braccio nel tentativo di scappare, prima che fosse troppo tardi. Ebbi subito una sensazione di freddo e la visione di una luna piena e luminosa. Forse era Purim[4]?

I massi continuavano a cadere, ed era perciò impossibile uscire dalla grotta. Tra di noi, alcuni pensavano che quei criminali, una volta tappata l'apertura, avrebbero usato la dinamite e seppellito ogni cosa. Altri, invece, erano terrorizzati all'idea di rimanere soffocati. La mamma, con me accanto, era invece in un attento silenzio: forse stava pregando, nella certezza della presenza di D-o Benedetto; Malvina, dal canto suo, non sembrava preoccupata.

Si trattò infatti solo di una bravata di questi super-uomini ubriachi, che per fortuna non ebbe conseguenze fatali per nessuno di noi. Ricordo bene quei soldati: calzavano stivali alti fino al polpaccio, con i pantaloni verde scuro che vi si infilavano dentro. Soldati che incutevano paura alla sola vista, anche se disarmati, per la loro determinazione a uccidere.

Purtroppo la tanto attesa ritirata delle armate tedesche verso nord non avvenne. Con l'aiuto di Silvio, il muratore, vennero allora rimosse le grosse pietre presenti all'ingresso della grotta-rifugio, che ormai era diventata la nostra vera casa. Cerrone, tra l'invidia di tutti noi, riusciva a saltare il cancello di legno per andare a sistemarsi nella "dependance" e la nonna Elvira, per paura dei bombardamenti notturni, spesso vi andava anche a dormire. Durante il giorno, invece, la nostra tana kafkiana era poco frequentata e per questo motivo con la mia amica Annetta andavo spesso nella grande botte a giocare. Mi arrampicavo per primo e, una volta dentro, le tendevo la mano e lei subito saltava per farsi abbracciare. Era piena di paglia, la nostra botte, per cui

---

[4] Festività ebraica che cade il 14 del mese di Adar e commemora l'episodio biblico della regina Ester e di suo zio Mardocheo che insieme salvarono gli ebrei dal massacro ordinato da Aman, consigliere del re Assuero, in Persia (*ndr*).

si stava comodi e isolati dal mondo. Annetta amava farsi stringere forte, e piaceva anche a me starle così vicino. Voci e rumori dall'esterno interrompevano spesso i nostri "giochi proibiti". In fretta, allora, bisognava uscire dalla botte e fingere di giocare ad altro.

Non sempre riuscivo a condividere questi dolci momenti di "intimità" con la mia nuova amica; la barbarie e la violenza naziste erano sempre in agguato.

Una volta, in compagnia di Annetta e della zia Silvana, andammo a trovare degli amici che abitavano vicino alla nostra casa in paese, per recuperare del cibo e al contempo verificare lo stato della nostra abitazione, occupata dai tedeschi. Mentre la zia si occupava di affari, mi divertivo con Annetta a giocare con alcuni proiettili raccolti nei campi: li usavamo come matite per tracciare delle caselle quadrate sul terreno, per poi saltarci dentro. Intento a giocare, sentii a un certo punto la voce di una giovane donna che chiedeva qualcosa, forse del pane, ad alcuni soldati tedeschi che si trovavano nell'abitazione di fronte. Incuriosito, smisi di giocare e volsi lo sguardo alla ragazza, della quale ricordo solo i lunghi capelli, perché di spalle.

Nell'abitazione si aprì una grande finestra e un soldato in camicia grigio-verde fece cenno alla ragazza di attendere. Sentii altre persone gridare: «Scappa, Anita, ti faranno del male!». Ma il soldato era già sulla strada. Si avvicinò alla povera donna e gettò con violenza qualcosa sul suo volto, dandole fuoco. Le urla della ragazza arrivarono subito alle nostre orecchie. Fuggimmo spaventati, mentre nell'aria si sentiva già l'odore acre e nauseante di pelle e capelli bruciati, unito al puzzo di benzina. Peppino detto Fumetta, che abitava nella contrada dei Canet, si precipitò in soccorso di Anita. Sollevò la ragazza di peso e, correndo, la trasportò verso la vicina fontana, spegnendo le fiamme. Ancora oggi sul volto di Anita rimangono le tracce di quella ferocia; ma in cuor suo porta, ancora più indelebile, il suo grande dolore, senza aver mai ricevuto consolazione umana e soprattutto piena giustizia. Insieme alla zia Silvana, ritornammo in tutta fretta nella contrada Renzitti con ancora ben scolpite nella mente le immagini spaventose e crudeli a cui avevamo assistito.

La primavera era ormai nell'aria e il mandorlo vicino al pozzo era da tempo in fiore. Un giorno, seduto sull'uscio della nostra grotta, ricordo che sentii un profumo inaspettato e piacevolissimo, come di dolci. D'istinto mi incamminai verso la fonte di quell'odore intenso, e mi ritrovai ai piedi di una grande scala che portava al piano superiore di una casa.

Vidi allora un soldato tedesco venirmi incontro. Mi prese in braccio e mi portò in una stanza dove c'era un tavolo apparecchiato con una grande quantità di dolci. Non è possibile – pensai – forse sto sognando: con tutta questa penuria di cibo, dove hanno trovato la farina e lo zucchero per preparare tutte queste prelibatezze?

Il soldato tagliò con la sua baionetta un pezzo di torta di colore giallo mettendola tra le mie piccole mani, che facevano fatica a tenerla tanto era grande. Mi raccomandò, in un italiano stentato, di non mangiarla tutta ma di portarne anche alla mia famiglia. Scesi pian piano le scale per paura di cadere e di rovinare il prelibato dono, e mi incamminai sulla stradina verso casa.

Durante il breve tragitto cominciai ad assaporare il dolce che avevo tra le mani. Avvertii una sensazione di piacere tanto intenso da non riuscire a smettere di mangiarne. Ricordo che, prima di arrivare sull'ingresso della grotta, a pochi metri da questa, avevo ancora tra le mani un piccolo pezzo di torta che, senza complimenti, ingurgitai velocemente: non volevo essere scoperto e magari redarguito per il mio comportamento egoistico, anche se umano.

Poi pensai: come mai tutta questa gentilezza da parte

del soldato tedesco? Ero sorpreso, ma la sola cosa che sul momento mi interessò fu mangiare. In seguito ho riflettuto sull'accaduto e mi sono dato una spiegazione. Il soldato era in amicizia con una simpatica signora di nome Maria Luigia, "proprietaria" del forno a legna nella contrada Renzitti e parente della nostra Malvina. La loro amicizia era sorta su una simpatia per così dire "razziale", perché la donna corrispondeva ai canoni fisici della razza ariana. Maria Luigia, infatti, era una donna alta, bionda e con grandi occhi azzurri, e spesso mi conduceva nella sua casa, proprio dove avevo incontrato il militare. Ecco spiegato il mistero della gentilezza del soldato tedesco, sicuramente ignaro delle mie origini.

Stavo divorando ciò che ancora rimaneva della torta, assaporandone fino all'ultimo il sapore nascosto dietro i cespugli. Ecco che a un tratto, dal nulla, in cielo si materializzò un grande aereo da combattimento. In fiamme, planò sulle nostre teste terrorizzate con un rombo assordante, precipitando sulla collina di fronte alla nostra abitazione con una spaventosa esplosione. Il largo cappello dello zio Giulio, per lo spostamento d'aria, volò via e volteggiando finì tra i cespugli lungo la strada. Era un aereo americano. Forse aveva perso la rotta e si era ritrovato sotto il fuoco micidiale dei cannoni tedeschi. Nessun membro dell'equipaggio si salvò. Perirono tutti nel gigantesco rogo.

A seguito dello schianto, cominciai ad avvertire una strana sensazione di annebbiamento, quasi che la memoria venisse meno. Forse avevo mangiato troppo dolce, e sicuramente troppo in fretta. Mia madre, d'altro canto, era solita dire che avevo gli occhi più grandi della pancia. Sta di fatto che mi ammalai. Le mani mi si ricoprirono di ulcerazioni (forse era scabbia?), che mi causavano un fastidiosissimo prurito. Non facevo altro che grattarmi, e questo peggiorava solo le cose. Domandavo aiuto e non arrivava nessuno. Persino Annetta, che abitava alla porta accanto, sembrava scomparsa. Un forte calore invase tutto il mio corpo e mi addormentai tra le braccia della mamma. Mi sembrava di sentire la sua voce e di percepirne il sussurro.

Mamma, che possiedi il mio stesso sangue e parli la mia stessa lingua, siamo capitati insieme in questo terribile inferno della guerra che ha distrutto la nostra famiglia e i nostri affetti: nemmeno un briciolo di giustizia è giunto a compensare il nostro dolore. Ma non voglio maledire nessuno. Forse, anzi, mi spetta di benedire la vita anche con queste mani piene di profonde cicatrici.

Un sonno lunghissimo, pieno di immagini e di pensieri. Quando mi svegliai, ero ancora tra le sue braccia. Le chiesi allora della guerra, e poi dei tedeschi. Tutta questa soldataglia era fuggita, scappata dalle nostre case, inseguita dal modesto uomo d'oltremare che, meno filosofo ma osservante di un'etica, aveva vinto sulla barbarie dell'universo nazista, nemica di qualsiasi consorzio umano.

Con la presa di Montecassino da parte del generale Juin, alla testa del corpo di spedizione francese (i feroci *goumiers*[5]), veniva ristabilita nelle nostre contrade la libertà di movimento. La mia famiglia cominciò a fare i preparativi per rientrare nella propria casa in paese. Gli ufficiali americani del genio militare, tuttavia, raccomandavano molta prudenza: tutta la zona, infatti, era ancora infestata dalle mine lasciate dai tedeschi. Nella contrada Casella, di fronte alla casa di Beccogiallo, i diligenti soldati in ritirata non mancarono di dar fuoco ai loro depositi di polveri e di munizioni. Ne risultò una tremenda esplosione che fece gravi

---

[5] Soldati nord-africani, in larga parte marocchini, inquadrati nell'esercito regolare francese fino al 1956. Nel quadro della battaglia di Montecassino, dopo la vittoria sulle truppe tedesche, si diedero a razzie e violenze ai danni della popolazione locale, passate alla storia come "marocchinate" (*ndr*).

danni alle case dell'attigua contrada Canet.

Nonostante il pericolo, la nostalgia di casa era grande: nonna Elvira, un po' temeraria, decise di dare almeno un'occhiata.

Arrivati sul pianerottolo esterno, l'antica casa ci si presentava con le porte ancora semiaperte e in parte sgangherate. L'impressione era quella di un rudere abbandonato da tempo. Non riconoscevo nemmeno la casetta in fondo al giardino, il pollaio dov'ero solito ripararmi quando venivo sorpreso dalla pioggia. Nonostante i divieti, la nonna non seppe resistere ed entrammo.

La casa era buia, vuota e fredda, così come il forno del pane. Nella piccola stanza centrale, grandi quantità di garze, bende e altri generi sanitari: doveva essere stata una specie di infermeria militare, per dare soccorso ai feriti più lievi. A qualche centinaio di metri dalla nostra casa, nella contrada Alloggi, vi era infatti un vero e proprio ospedale, con tanto di croce bianca sul tetto per scampare ai bombardamenti.

Avevamo perduto praticamente tutto. In un clima di tristezza e sconforto, facemmo ritorno alla contrada Renzitti. La nostra Malvina ci accolse con un sorriso familiare: «Bentornati – disse a nonna Elvira –. Vedrete che tutto si aggiusterà, il Signore vede e provvede». Parole semplici ma in grado di rincuorare.

Poi, dalla parte nord del paese, un'esplosione improvvisa. Il panico invase gli animi: per un attimo tutti pensarono che la morte fosse tornata in mezzo a noi, che la fine della guerra fosse solo un'illusione. Nulla di tutto ciò: la gente delle contrade limitrofe stava solo festeggiando la partenza delle truppe tedesche usando il materiale bellico residuato a mo' di fuochi d'artificio. Nessuna vera paura, dunque: in tutta la valle del fiume Liri, una volta dominio incontrastato delle armate germaniche, le truppe alleate di liberazione erano davvero arrivate.

Nella contrada Renzitti – ricordo che era notte – giunsero le truppe neozelandesi e quelle polacche, che pagarono entrambe un grosso tributo di sangue per la conquista di Montecassino. I valorosi soldati polacchi, al comando del generale Anders, erano stati addestrati nella Palestina del Mandato britannico. Raggruppati nella 3ª Divisione fucilieri carpatica, sul fronte di Cassino diedero prova di grande coraggio e determinazione. Per primi conquistarono le macerie dell'abbazia e vi issarono la loro gloriosa bandiera. Lasciarono sul terreno migliaia di morti che oggi riposano nel cimitero di guerra dietro l'abbazia, nella località detta "testa di serpe". Insieme a loro, nella parte bassa del cimitero, sono sepolti i volontari della Brigata Ebraica, le cui lapidi recano impressa la stella di Davide.

I soldati arrivati nella notte – nella nostra contrada erano truppe neozelandesi – recavano con loro muli per il trasporto di armi e vettovaglie. Erano armati fino ai denti, ma non facevano paura. Ricordo la mamma che si prodigava nel tirare l'acqua dall'unico pozzo esistente, quello della casa di Cerrone, per abbeverare le bestie assetate. Nell'aria, la gioia era grande. La divisione neozelandese si accampò nella contrada Alloggi, proprio di fronte al grande ospedale tedesco. Aveva con sé una banda musicale che spesso sentivamo suonare da casa nostra.

Le truppe africane dell'esercito francese, invece, per raggiungere Roma avevano preso (per nostra fortuna) un'altra strada, dettata da motivi strategici. Il generale Juin, loro comandante, era stato il vero artefice dello sfondamento del fronte di Cassino. Da buon stratega militare, aveva pensato che i tedeschi dovessero essere presi alle spalle. I *goumiers* attraversarono di notte il fiume Garigliano, si diressero verso i monti Aurunci e la valle dell'Ausente. Galvanizzati da promesse paradisiache, senza perdere tempo dettero

l'assalto alle casematte tedesche dislocate sulla collina con
pugnali e bombe a mano, compiendo una vera e propria
carneficina. La linea Gustav venne infranta. Il Comando
germanico, senza indugio, ordinò la ritirata immediata affinché le truppe non fossero prese in trappola.

Ma questa liberazione costò alla popolazione locale un
prezzo altissimo. I *goumiers*, in preda all'eccitazione della vittoria e ai vapori dell'alcool, si abbandonarono a violenze di
ogni sorta: centinaia di donne (ma non solo) ne furono vittime, senza distinzione di età; molte contrassero anche malat-
tie veneree, da cui restarono segnate per il resto della loro vita.

Delle truppe di liberazione alleate, soltanto i neozelandesi si fermarono nella zona di Fontana Liri. Ricordo ancora le
brevi note di fanfara che provenivano dal loro accampamen-
to all'ora del rancio. La gente del luogo imparò presto il significato di quelle note e, non appena le udiva, si precipitava
a ridosso del reticolato del campo nella speranza di ricevere
qualche boccone di pane. I soldati, però, mangiavano tran-
quilli nelle loro tende, indifferenti alla nostra presenza. Dalla
recinzione, potevo vedere sui loro tavoli grossi pezzi di pane
bianco, al cui ricordo ancora oggi ho l'acquolina in bocca.

Ma a noi niente, nemmeno una briciola. Tornavo a casa
amareggiato e soprattutto affamato. Nel breve tragitto di ritorno – paradossi di una mente infantile – mi veniva in mente
il soldato tedesco che un pezzo di dolce, anche se per ragioni
sbagliate, tra le mie mani lo aveva messo davvero. Certo, questi
soldati alleati non furono poi così disponibili con le popolazioni che avevano liberato, e in certi casi – vedi i *goumiers* – com-
misero veri e propri soprusi, ma fare confronti non avrebbe
senso: come si potrebbe paragonare un comportamento scor-
retto e disumano da parte di alcuni individui con un intero sistema, quello nazista, totalmente votato al male?

Eravamo liberi, ma continuavamo a soffrire la fame. La

nonna Elvira spostava addirittura le lancette del grande orologio a pendolo per nascondere l'ora dei pasti. Ricordo che allo zio Lello, che aveva ripreso gli studi al liceo classico di Arpino, veniva concesso un solo uovo al mattino presto per affrontare la lunga giornata di studio. Nonostante l'orario, ricordo che saltavo giù dal letto e insieme alla zia andavo al suo tavolo nella speranza di rimediare qualche briciola.

In paese si parlava dei soldati tornati dal fronte dopo l'armistizio e di quelli prigionieri nei lager tedeschi. Tutta la famiglia sperava nel ritorno dello zio Americo. Si aspettava solo lui. Il mio caro babbo Enrico non sarebbe più rientrato: era sepolto ormai da anni in un cimitero dalle parti di Carrara, vicino al bianco fiume Frigido.

Un giorno, eravamo riuniti in sala da pranzo, dalla porta della cucina spuntò un signore: alto e magro, con indosso abiti civili, reggeva in mano un fagotto contenente qualcosa di molto, molto personale. Erano i vestiti che lo zio Americo indossava nel lager. Traspariva dal fagotto un numero di colore giallo su fondo verde. Per lui nessun numero marchiato sul braccio dalle SS del campo: questa infamia era riservata agli ebrei e agli zingari, come pure la morte nelle camere a gas. Il numero gli era stato invece attaccato sulla giacca da lavoro, perché era stato ritenuto un semplice soldato italiano.

Lo zio Americo era tornato. Abbracciò tutti, gettò le braccia al collo del fratello minore Lello e si sedette sul divano accanto al resto della famiglia.

Raccontò di essere stato deportato dal fronte greco nel lager di Biala Podlaska, in Polonia, e da questo al lager di Sandbostel, in Germania. Quest'ultimo conteneva due baracche-alloggio, la "Torino" e la "Pesaro", che ospitavano circa duemila militari italiani deportati. Alcuni, convinti dalle prediche "ad hoc" del cappellano militare, prestavano fedeltà alla Repubblica Sociale di Mussolini e continuavano a combattere a fianco dei tedeschi. Non fu il caso dello zio Americo, che scelse di restare nel lager a costo della propria vita, rifiutando di andare a combattere a favore del nazifascismo.

Assorti in questi racconti, giunsero a un tratto alle nostre orecchie i motivi ormai familiari della banda militare neozelandese. Lo zio ebbe un attimo di sussulto. Nella sua mente risuonava la musica del lager che accompagnava i prigionieri dalle baracche al lavoro e poi di nuovo alle baracche; qui, ad attenderli, una zuppa di cavoli e carote con un tozzo di pane misto a segatura. Questi erano i ricordi che quelle note risvegliavano in lui. La nonna Elvira si affrettò a portare sul tavolo un vassoio con delle pere che aveva conservato per l'occasione, e tutti cominciarono a mangiare, cercando di allontanare da sé quei tristi pensieri.

Non ricordo altro del ritorno dello zio dal lager di Sandbostel e anche questo episodio mi è stato raccontato, perché ero solo un bambino di cinque anni. Tempo dopo, mia madre aggiunse a questo racconto la memoria delle interminabili notti di freddo polare, con i prigionieri che dormivano addossati uno sull'altro per potersi scaldare. Un tragico destino attendeva talvolta coloro che si ritrovavano sui tavolati inferiori: forse a causa del peso, smettevano di respirare e lentamente si spegnevano. Il loro corpo si raffreddava e come un oggetto fastidioso veniva estratto dal "mucchio" e messo da parte nella baracca, per poi essere cremato.

Ora che conosciamo la storia abbiamo forse il permesso di piangere? Non possiamo piangere, ha scritto Elie Wiesel, deportato quindicenne nel lager di Auschwitz-Birkenau: faremmo un grosso regalo al nostro carnefice. Spesso la vita offre solo sentieri dolorosi, che siamo costretti a percorrere nella speranza della salvezza e di una futura "giustizia". Una

speranza che rasenta l'utopia, ma alla quale dobbiamo crede-
re. Cosa sarebbe infatti la vita dell'uomo senza una fede? Una
vita senza futuro. La fede è una molla potente che fa avanzare
la storia dell'uomo, anche se il suo sentiero è tortuoso e di
difficile comprensione.

Ricordo ancora il mio primo giorno di scuola. Portavo
una specie di grembiule nero fatto dalla mamma; al collo
spiccava un grande fiocco bianco. La scuola era stata orga-
nizzata nella contrada Cipollitti in una casa accanto a quella
di Enrichetta, un'amica di famiglia. L'insegnante, proveniente dal Sud, era una piccola signora dai capelli brizzolati che
parlava una lingua poco comprensibile. Il mio compagno di
banco era Benito, detto Salsiccia, negato in "latimatica", come
diceva sua madre al posto di matematica. Non riusciva a star
fermo sulla sedia anche perché il pavimento della stanza era
pieno di buche, e questo contribuiva al dondolio del nostro
banco. Davanti a noi c'era Dante, detto Dantuccio, il figlio del
ciabattino, che già allora fumava sigarette americane. Benito
spesso abbandonava il banco e andava a sedersi nelle nicchie
presenti nel muro della stanza, e lì si addormentava.

Quando il sole era alto, la nostra aula si illuminava tutta. Ca-
pivo allora che dovevo iniziare a cercare da mangiare. Spinto
dalla fame, andavo a casa di Enrichetta, la quale intuiva subito.
Si presentava perciò con una fetta di pane tra le mani, cosparsa
con gocce d'olio e un pizzico di sale: per quei tempi duri si poteva considerare un pranzo vero e proprio. Ancora grazie, mia
cara Enrichetta, e possa tu riposare in pace.

Mi chiedo ora come potesse permettersi quel cibo in più
in circostanze così difficili. La sua era una famiglia di contadini che poteva contare sui prodotti della terra, certo. Ma la
domanda forse è un'altra: come mai Enrichetta mi dava questa fetta di pane unto? E la risposta giunge spontanea, tanto

semplice quanto rincuorante: per una sincera e affettuosa amicizia verso la mia famiglia.

Con qualche briciola sulla bocca e le mani unte, rientravo furtivamente in classe e mi pulivo rapidamente nel grembiule, ascoltando la voce sempre più gutturale dell'insegnante. Cosa raccontava? Nulla sulla guerra appena passata. L'odore delle polveri ancora nell'aria, interveniva una specie di censura naturale a rimuovere un periodo tanto doloroso. Se questo è comprensibile – dopotutto eravamo ancora solo dei bambini di sette-otto anni – non è però giustificabile. Qualcosa la nostra maestra avrebbe dovuto raccontare a proposito dei tedeschi, magari con tatto e sensibilità, per formare la nostra mente alla critica e alla riflessione. Durante la noiosa ora di religione, poi, arrivava un certo prete che raccontava storie vecchie di millenni, omettendo invece di mettere in luce i problemi legati al pane quotidiano. Solo "favole" per spargere "oppio" sulle nostre coscienze, mentre la realtà storica, e con essa i suoi responsabili, veniva ignorata. E se in qualche modo questa veniva fuori, la censura subito si adoperava per la sua mistificazione. Ecco allora che, sulla lapide del soldato inglese Crosby, spuntano i "barbari Unni" al posto dei veri assassini, cioè i "barbari nazisti" che compirono l'omicidio dopo una spietata caccia all'uomo.

Al suono prolungato della sirena del locale Polverificio dell'esercito, afferravamo tutto quello che c'era sul banco e via di corsa nella contrada del Feudo a tirare calci a una palla di spago e stoffa. Giocavamo su un campo improvvisato, con le piante a far da porte. Rocco La Casella, che spesso stava tra gli alberi come portiere, incitava sempre i compagni ad andare all'attacco. Il campo non era "regolamentare", e non era nemmeno in piano: la parte bassa scivolava verso le case, mentre dall'altro lato, dopo un breve pianoro, il terreno precipitava in un grosso burrone in fondo al quale scorreva il fiume Liri. Questo, descritto dal sommo poeta Dante come verde, in realtà è spesso torbido e minaccioso. Il passaggio da una riva all'altra era garantito da un ponte di corde su cui poggiavano tavole di legno: attraversarlo faceva paura perché, oltre ad essere molto vicino alla superficie dell'acqua, dondolava pericolosamente. Era questa una zona di confine tra lo Stato della Chiesa e il Regno di Napoli, dove i miei antenati, provenienti dalla Spagna, si erano rifugiati nel lontano 1740 (la data è scolpita su una lastra di marmo bianco incastonata nell'aia adiacente alla casa).

A molti anni di distanza dai tragici fatti della seconda guerra mondiale, sono tornato a percorrere a ritroso la via Casilina, strada del ricordo un tempo bianca e polverosa e oggi ricoperta di asfalto. Mi sembrava di rivedere i campi di battaglia, di sentire ancora l'ululato del terribile cannone tedesco Nebelwerfer che sputava proiettili fino al mare di Anzio.

Risalendo verso Roma, si attraversa il fiume Volturno che bagna la città di Caiazzo, città martire per i crimini commessi nel casolare di Monte Carmignano dall'esercito tedesco in ritirata. Continuando in direzione nord si intravede Monte Cairo, spesso ricoperto di neve, da dove i tedeschi riuscivano a controllare ogni movimento di truppe alleate nella valle sottostante. Sulla sinistra, dove il fiume Rapido si getta nel Liri, sorge tranquillo il paesino di Sant'Angelo a Teodice, teatro di aspri e sanguinosi combattimenti tra le truppe tedesche e il 141° Battaglione di fanteria americano, che venne quasi del tutto decimato. Costeggiando dal basso l'abbazia di Montecassino, si attraversa l'angusta valle del Liri-Garigliano per giungere, attraverso la piana di Pontecorvo, nella valle del fiume Sacco e da questo alle porte di Roma.

La capitale, dichiarata "città aperta" dai comandi italiani nell'agosto 1943, fu occupata subito dopo l'8 settembre dalle truppe tedesche, che vi condussero una dura repressione ai danni della resistenza antifascista e degli ebrei. "Cinquanta chilogrammi d'oro per il Reich millenario" fu la somma richiesta alla Comunità ebraica di Roma dal comandante della Gestapo Herbert Kappler per evitare la deportazione. Gli ebrei si illusero e credettero a tale menzogna: anche con l'aiuto del Vaticano, riuscirono a racimolare la quantità d'oro richiesta. Con questo oro, alcuni ebrei avrebbero invece voluto comprare delle armi e opporre resistenza. Non vennero ascoltati, e la tragedia fu inevitabile: la retata al ghetto di Roma (16 ottobre 1943) portò alla deportazione ad Auschwitz di 1.030 ebrei. Tra questi, oltre cento bambini.

Noi tutti siamo tenuti a conoscere l'"universo" ingannatore del carnefice per difenderci dalla sua micidiale violenza. Non è facile. Il carnefice è un "satana" che cambia volto, gioca con la morte, non rispetta un'etica: il suo imperativo è uccidere. Primo Levi ha insegnato: «Se comprendere è impossibile, conoscere è necessario, perché ciò che è accaduto può ritornare, le coscienze possono nuovamente essere sedotte ed oscurate: anche le nostre»[6]. Ecco dunque come il razzismo di un tempo può indossare oggi maschere diverse, come quella del terrorismo, talvolta tollerato se non addirittura giustificato. Il carnefice ha dunque questa capacità di cambiare pelle come il serpente, grazie all'odio che cova nel suo cuore. In realtà è un vile e aspetta solo l'occasione opportuna per mordere la sua vittima.

Roma, via Tasso[7]: luogo di tortura e di potere assoluto delle SS. Scrive Arrigo Paladini, scampato all'eccidio delle Fosse Ardeatine: «Il carcere di via Tasso è il simbolo della

---

[6] P. Levi, *I sommersi e i salvati*, Torino 1986.
[7] Durante l'occupazione tedesca, l'edificio in essa collocato divenne tristemente famoso come luogo di detenzione e tortura. Lo stesso stabile dal 1955 ospita il Museo storico della Liberazione (*ndr*).

più inaudita sofferenza, della più spietata sopraffazione. Il luogo dove veniva calpestata ogni dignità umana».

Via Rasella[8]: luogo di giustizia contro il tiranno tedesco che aveva la sfrontatezza di provocare la popolazione di Roma con canti di ispirazione nazista durante le sue marce nella città. La reazione di Kappler all'attentato fu il massacro delle Fosse Ardeatine: oltre 300 innocenti vennero barbaramente massacrati a colpi di pistola alla nuca, le mani legate dietro la schiena. Il vile carnefice non riuscì a impedire a don Pappagallo, sacerdote, resistente e antifascista, di "benedire" questi innocenti prima dell'atroce fine. Nessuno, però, condannò l'eccidio. Pio XII, dalla sua grande finestra su piazza San Pietro, restò in silenzio, così come non aveva preso posizione ufficiale nemmeno di fronte al rastrellamento del ghetto.

Il treno per Auschwitz, con il suo carico di 1.030 ebrei romani, partì dalla stazione Tiburtina il 18 ottobre 1943, due giorni dopo l'evacuazione del ghetto. Perché due giorni di ritardo? Tanti, troppi per la macchina di sterminio nazista, sempre pronta ed efficace nel compiere il suo dovere di carnefice... Una ragione, tuttavia, c'era: i nazisti volevano "provocare" il Vaticano e dimostrare al mondo che anche Pio XII era indifferente allo sterminio del popolo ebraico[9].

Ma non tutti morirono ad Auschwitz. Sedici persone fecero ritorno dall'inferno. Tra queste, un'unica donna. Settimia Spizzichino[10], rientrata nella sua casa di Roma, ha

---

[8] L'attentato di via Rasella fu un'azione partigiana condotta il 23 marzo 1944 ai danni di un reparto di occupazione tedesco nell'omonima strada di Roma, in pieno centro storico. Portò all'uccisione di 32 militari e di 2 civili (ndr).

[9] Nonostante la sicura disapprovazione personale del Papa, in effetti la Santa Sede non prese mai una posizione ufficiale di condanna delle azioni contro gli ebrei (ndr).

[10] Settimia Spizzichino (1921-2000), unica donna sopravvissuta al rastrellamento del ghetto romano, negli anni successivi al suo ritorno divenne una delle

testimoniato per se stessa, per le sue compagne deportate e per tutti noi. Il suo racconto carico di dolore ci ha fatto rivivere quel viaggio terribile nei vagoni piombati, senza acqua e senza cibo, fino alla rampa di Auschwitz dove la selezione operata dal dott. Mengele[11] decideva sulla vita o sulla morte dei deportati. Settimia ha sempre combattuto per coloro che non sono più tornati. Le sue ultime e lapidarie parole sono state: «La resistenza continua». Il suo ricordo rimanga a benedizione di tutti noi.

---

testimoni più attive della Shoà (*ndr*).

[11] Josef Mengele (1911-1979), medico e militare tedesco, è tristemente noto per aver condotto crudeli esperimenti di eugenetica utilizzando come cavie umane i detenuti nel campo di concentramento di Auschwitz, tra cui molti bambini. Per questo, ricevette il soprannome di "angelo della morte" (*ndr*).

L'ECCIDIO DI CAIAZZO

Una strage dimenticata

Prefazione
di Gunter Jacob[1]

L'autore, in questo racconto storico sull'eccidio di Caiazzo, riporta la sua testimonianza dei crimini contro l'umanità commessi in Italia dalle truppe di occupazione tedesche durante la guerra.

Le Fosse Ardeatine, Marzabotto, Bellona, Caiazzo: sono questi i luoghi funestamente noti che tornano alla nostra memoria. Ricordi e riflessioni sono al contempo un monito per le future generazioni europee.

In occasione del suggellato gemellaggio tra la città di Caiazzo e la città tedesca di Ochtendung[2], dove Wolfgang Emden, il responsabile dell'eccidio, continua a vivere a piede libero[3], ho fatto la conoscenza del dott. Fulvio Canetti, il quale mi ha chiesto di aggiungere qualche parola introduttiva al suo lavoro, cosa che con piacere mi accingo a fare.

Nelle mia veste di rappresentante della Repubblica Tedesca ho chiesto perdono per questi crimini commessi contro l'umanità e anche la maggioranza dei tedeschi, a mio avviso, oggi li condanna. Molti tedeschi, infatti, hanno protestato indignati per la sentenza della Corte Federale di Germania che, pur riconoscendo la natura criminale del massacro di Caiazzo, lo ha dichiarato ormai caduto in prescrizione. In

---

[1] Console onorario di Germania a Napoli negli anni Novanta.
[2] Il gemellaggio è stato stretto nel 1996 (*ndr*).
[3] Emden visse in libertà nella cittadina tedesca fino alla morte nel 2006 (*ndr*).

un discorso tenuto nel luglio del 1993 il Presidente della Repubblica Federale Tedesca, Roman Herzog, ha preso una chiara posizione sulla storia del nazismo e, implicitamente, riguardo ai suddetti crimini: «È una verità storica che durante gli infausti 12 anni di nazionalsocialismo è partita dal territorio tedesco una guerra di attacco che ha incendiato il mondo intero. È vero che milioni di ebrei e altre minoranze etniche sono state annientate nei campi di concentramento e di sterminio, ma è anche vero che in conseguenza di questo sistema criminale hanno sofferto molti tedeschi».

L'autore di questo racconto storico sa bene quanto sia difficile la battaglia contro il male. Nella rievocazione dei delitti commessi da Mengele, da Heichmann, oppure da tanti altri piccoli carnefici, il ricordo diventa l'arma decisiva contro un ritorno alla barbarie. A questo proposito ecco le parole che ho pronunciato in occasione di una tavola rotonda a Salerno, nel mese di luglio 1996, dal titolo "Il massacro di Caiazzo":

«La nostra nuova generazione è cresciuta nella responsabilità politica. I giovani non hanno colpe per quello che accadde allora, ma sono responsabili per come la storia viene loro raccontata. Noi più anziani dobbiamo ai giovani non la realizzazione dei sogni, ma la sincerità. È nostro dovere aiutarli a comprendere, perché è di vitale importanza mantenere vivo il ricordo. Aiuteremo questi giovani a guardare la verità storica, senza rifugiarci in dottrine utopiche e senza presunzione morale. Impariamo dalla nostra storia – il massacro di Caiazzo è uno degli esempi più terribili – di cosa sia capace l'uomo indottrinato alla violenza».

Cresce il razzismo in Europa, si rafforzano i nazionalismi, si tenta di riscrivere e di falsificare la storia attraverso il revisionismo. La Shoà del popolo ebraico per mano nazista viene presentata dal revisionismo come un'invenzione del Sionismo politico per giustificare la nascita dello Stato d'Israele.

Di fronte a queste vergognose mistificazioni abbiamo il dovere morale di tenere vivo il ricordo dei crimini commessi nel passato, affinché la società civile non ricada mai più in nuove barbarie. La pubblicazione di questo volume del dott. Canetti, a mio modesto parere, costituisce un contributo importante per la difesa del mondo libero, nonché una dichiarazione di lotta contro ogni forma di discriminazione razziale e di religione.

L'eccidio di Caiazzo

Presso Caiazzo
nel luogo detto San Giovanni e Paolo
alcune famiglie campagnuole
rifugiate in una stessa casa
furono il XIII ottobre MCMXLIII
fucilate e mitragliate
per ordine
di un giovane ufficiale prussiano
Uomini donne infanti
ventidue umili creature
non d'altro colpevoli
che di avere incoscienti
alla domanda dove si trovasse il nemico
additato a lui senz'altro la via
verso la quale si erano volti i tedeschi
improvvisa uscì dalle loro labbra
la parola di verità
designando non l'umano avversario
nelle umane guerre
ma l'atroce presente nemico
dell'umanità

Un americano
che vide con orrore e pietà
le salme degli uccisi
pose questa memoria

Le parole scolpite a ricordo delle vittime sulla lapide di marmo nel cimitero di Caiazzo sono di Benedetto Croce. Il filosofo compose questa memoria storica nel 1945 sulla testimonianza oculare del corrispondente di guerra americano William Stoneman, del *Chicago Daily News*.

Ecco, in breve, i fatti.

Le truppe tedesche erano in ritirata verso il Nord Italia. Su ordine del generale Kesserling allestirono una linea difensiva lungo il fiume Volturno, per contrastare l'avanzata delle forze anglo-americane sbarcate a Salerno. Dopo aspri combattimenti, i tedeschi furono sopraffatti e dovettero ripiegare verso la nuova linea difensiva nei pressi di Montecassino.

Nella notte del 13 ottobre 1943 un gruppo di soldati tedeschi, rimasti sul Monte Carmignano[4] al comando del sottotenente Wolfgang Emden per proteggere la ritirata, trucidò a colpi di mitra e bombe a mano due intere famiglie di contadini. Questi, rifugiatisi in un casolare soltanto per sfuggire ai bombardamenti alleati, vennero sospettati dai tedeschi di aver lanciato "segnali luminosi" alle forze di invasione e quindi dichiarati traditori. Fu una vera carneficina. Uomini, donne e bambini: nessuno si salvò dalla furia omicida.

Al corrispondente di guerra americano William Stoneman, che salì sul monte alcuni giorni dopo l'eccidio, si presentò l'orrendo spettacolo, che l'odore nauseabondo dei corpi in decomposizione rese, se possibile, ancora più insopportabile. Stoneman informò della strage il servizio segreto americano, aggiungendo nel suo reportage di aver trascorso la giornata più difficile della sua vita come corrispondente di guerra.

L'ostruzionismo verso le vittime da parte dei benpensan-

---

[4] Altura soprastante l'abitato di Caiazzo, del cui Comune fa parte, su cui avvenne propriamente il massacro (*ndr*).

ti caiatini fu manifesto fin dall'inizio. Il vescovo di Caiazzo mons. Di Girolamo, pur essendo informato della strage, lasciò "insepolti" i corpi degli uccisi per tre giorni consecutivi, venendo meno ai suoi stessi obblighi religiosi. La lapide, per il rifiuto di amministrazioni comunali "reazionarie", non venne sistemata nel cimitero che in un secondo momento. Questa volontà "politica" di ignorare il massacro nella masseria Albanese sul Monte Carmignano ha contribuito a far scendere il silenzio della storia e a cancellarne il ricordo. Sant'Anna di Stazzema, Marzabotto, Bove sono nomi noti alla memoria collettiva della Resistenza italiana. Non altrettanto Caiazzo, che durante l'occupazione nazista ha pagato un contributo di sangue passato inosservato per calcoli politici di parte e per cinismo reazionario, che del resto ha colpito tutto il Meridione d'Italia.

Wolfgang Emden, responsabile della strage, fu vergognosamente "assolto" nel 1995 dalla giustizia tedesca in seguito a un'ignobile sentenza. Il procedimento penale istruito a suo carico fu definitivamente archiviato perché il crimine fu dichiarato in prescrizione. L'amarezza per questo verdetto fu grande tra i parenti delle vittime, che si sarebbero piuttosto aspettati "giustizia" e una storica condanna.

Assolto in Germania, il boia di Caiazzo ebbe la sfrontatezza di scrivere una lettera al sindaco della città, dott. Nicola Sorbo, in cui si diceva "rammaricato" per il triste episodio nella masseria sul Monte Carmignano, aggiungendo di non ricordare bene come si svolsero i fatti a causa dell'oscurità della notte: l'oblio premeditato come arma per cancellare la memoria storica e mistificarla. Quali segnali luminosi potevano mai inviare dei contadini, quando la stessa corrente elettrica veniva interrotta prima dei bombardamenti alleati? Ecco allora il vile carnefice nascondersi dietro un dito per giustificare il suo crimine.

Ma le sentinelle della memoria e i testimoni raccontano affinché il male possa essere riconosciuto in tempo e combattuto. È una battaglia gigantesca ma necessaria per il mantenimento della nostra amata libertà nella società civile. Il tribunale della Storia, saldo nella sua memoria, non solo non dimentica, ma persegue implacabile questi criminali fino alla fine.

Fu proprio per amore della giustizia che William Stoneman, giornalista americano, e possiamo anche aggiungere ebreo, si adoperò per dare una degna e "cristiana" sepoltura alle 22 vittime dell'eccidio. E non solo. Nel corso della sua vita[5], come una vera sentinella della memoria ha rimosso ostacoli e resistenze affinché il processo non venisse insabbiato bensì celebrato, fornendo documenti che erano stati fatti sparire e che attestavano le vere responsabilità di Emden nel massacro.

Oggi, accanto al casolare della strage è stata cementata una grossa croce di ferro nera, con una dedica di circostanza. Al suo posto, sarebbe stato auspicabile che il Comune di Caiazzo avesse realizzato un "memoriale" atto a illustrare la tragedia vissuta dalle popolazioni del Meridione durante la guerra e l'occupazione nazista. Quanti conoscono il campo di concentramento di Ferramonti di Tarsia per ebrei e apolidi, realizzato in provincia di Cosenza dal regime fascista? Quanti sanno dello sfruttamento pianificato noto come "caccia agli schiavi" dell'organizzazione tedesca Todt[6]? Nella sola zona di Napoli, vennero deportati nella Germania nazi-

---

[5] Stoneman è scomparso nel 1987 all'età di 83 anni (*ndr*).

[6] Impresa di costruzioni creata da Fritz Todt, ministro per gli armamenti del Terzo Reich fino al 1942, e operativa in Germania e in tutti i territori occupati dai nazisti durante la guerra. Suo compito era sostenere lo sforzo bellico tedesco tramite grandi interventi di ingegneria civile e militare, per i quali giunse a impiegare oltre un milione di operai, in gran parte prigionieri di guerra (*ndr*).

sta come lavoratori coatti oltre ventimila esseri umani per incrementare lo sforzo bellico tedesco pianificato dal ministro per gli armamenti Albert Speer.

Il dott. Nicola Sorbo, sindaco della città di Caiazzo, con la collaborazione delle forze democratiche e antifasciste locali, organizzò una manifestazione proprio sul luogo dell'eccidio, per non dimenticare. Era il 13 ottobre 1993, esattamente 50 anni dopo la carneficina. Presenti alla cerimonia, oltre alle autorità cittadine, il Console onorario di Germania a Napoli dott. Gunter Jacob, il presidente dell'Associazione Nazionale Deportati Luigi Sagi, sopravvissuto al campo di sterminio di Auschwitz, e il rappresentante del Fondo Nazionale Ebraico dott. Emanuele Sestieri. Questi portava con sé una piccola pianta di ulivo, proveniente dalla terra d'Israele, come simbolo di pace, fratellanza e partecipazione al ricordo della tragedia.

Mancava il boia Emden che, volendo, avrebbe potuto essere presente perché ancora vivo. La sua presenza avrebbe dato alla cerimonia toni fortemente drammatici, ma avrebbe dimostrato nei fatti un suo vero pentimento, anzitutto verso se stesso e poi verso i parenti delle vittime. Ma il vile super-uomo non si fece vedere, scelse di rimanere a casa sua, in Germania.

Venne invece, al suo posto, il sindaco della città di Ochtendung Hans Schmidt, col desiderio di risanare le ferite e instaurare un clima di fratellanza e di amicizia. In quell'occasione le città di Caiazzo e di Ochtendung parlarono di gemellaggio nel segno della pace tra i popoli e, per suggellare questo impegno, i due sindaci piantarono di fronte al casolare del Monte Carmignano il piccolo ulivo proveniente dalla terra di Israele. Dopo squilli di trombe e suoni di marce militari, un sacerdote tedesco pronunciò una specie di omelia nella sua lingua, che mi riportò subito alla memoria le voci dei soldati che invasero le nostre contrade in quel lontano autunno del 1943.

È stata per me una sensazione struggente, dura da raccontare. Ho rivisto allora, come in un sogno angoscioso, i carri da guerra tedeschi, la mia tana kafkiana nella contrada Renzitti, l'indimenticabile Malvina e le fiamme che consumavano il volto della povera Anita, sul bordo della strada bianca.

Il tempo sembrava cristallizzato, mentre la voce del prete si mescolava ai gesti di monsignor Comparone, vescovo di Alife-Caiazzo, intento a benedire i presenti. Sentii una donna chiamare una bambina per nome: «Noga, vieni vicino alla mamma», disse mentre riparava con la propria mano il volto della figlia.

Ancora riflettevo sul significato di questo gesto, quando mi tornò in mente un gesto simile di mia madre nella basilica di San Pietro in Vaticano. Lungo la grande navata centrale, un personaggio della Chiesa, rivestito di ricchi ornamenti, veniva trasportato verso di noi seduto su una grande sedia. Era Pio XII, "il Papa del silenzio", da qualcuno stigmatizzato come "il Papa di Hitler". Mia madre, ricordo, fece lo stesso gesto della donna presente alla nostra cerimonia: mi prese per mano tirandomi verso di lei, come per proteggermi da qualcosa di oscuro, mentre il Papa, dall'alto della sua sedia, inviava alla folla le sue formule magiche di benedizioni, come monsignor Comparone. In quel momento, le grandi porte in bronzo della basilica iniziarono a chiudersi, quasi spinte da mani invisibili. Ricordo bene la calca delle persone, che venivano spinte fuori. Il risultato finale di questa gazzarra fu quello di essere espulso con mia madre dalla basilica, lontano dai "magici gesti" di Pio XII.

La bambina, intanto, si era staccata da sua madre ed era ora intenta con le sue piccole mani a sistemare con amore le ultime zolle di terra intorno alla pianta di ulivo, che i due sindaci avevano interrato. Possa questa pianta crescere e dare forza a tutti coloro che lottano nella speranza di vivere giorni di pace e di giustizia tra le genti, ed essere un testimone perenne. Per non dimenticare.

IL "CESARE"
DI PRIMO LEVI

Prefazione
di Rav Riccardo Di Segni

Avraham Fulvio Canetti propone in questo libro una raccolta dei suoi scritti che hanno come tema comune le vicende drammatiche della seconda guerra mondiale, che egli ha vissuto personalmente con occhi di bambino in prossimità del fronte di Montecassino.

Sono stati giorni e mesi terribili nei quali gli uomini hanno mostrato il peggio di sé, ma anche il meglio. Momenti di atrocità e di viltà, ma anche di umanità, di coraggio e di eroismo. Le stragi compiute con efferatezza dalle truppe tedesche di occupazione, le reazioni delle popolazioni colpite, le vicende umane di Lello Perugia noto come il "Cesare" di Primo Levi, vengono riproposte in queste pagine in una ricostruzione semplice, non retorica e piena di sensibilità.

Qualcuno sostiene che si parla troppo della seconda guerra mondiale e della Shoà. In certi casi c'è forse un abuso oppure una caduta di gusto. Ma non è così per le memorie di questo libro.

Non è lecito tacere, anzi, è un imperativo morale quello di testimoniare. A questo dovere risponde il nostro Fulvio e gliene siamo grati.

Il "Cesare" di Primo Levi

Nell'anno 1321, in buona parte della Francia meridionale, i lebbrosi cristiani venivano imprigionati, processati e messi al rogo. Il capo d'accusa rivolto a questi malati nel corpo e nell'anima era quello di aver sparso polveri avvelenate nei pozzi e nelle fontane e aver così diffuso epidemie mortali.

La reclusione, la tortura e lo sterminio dei lebbrosi era stato autorizzato in quell'anno dal re di Francia Filippo V con l'editto di Poitiers. I lebbrosi, quasi tutti cristiani, una volta imprigionati venivano subito rigorosamente separati secondo il sesso. Le donne gravide che, sotto tortura, avevano confessato il crimine, restavano segregate fino al parto e in seguito venivano bruciate. I beni dei "colpevoli" erano infine confiscati con la giustificazione che i lebbrosi avevano organizzato complotti politici contro il Regno di Francia con la complicità dei "perfidi ebrei".

Questi ultimi, secondo l'accusa, fornivano ai lebbrosi cristiani le polveri velenose, ricavandole da sangue e da orina essiccati. L'associazione tra lebbrosi ed ebrei è singolare e spunta per la prima volta proprio nelle città francesi di Carcassonne, Tolosa e Montauban: uno stereotipo che si cristallizzerà nella coscienza collettiva europea protraendosi fino all'età contemporanea, con tutte le sue tragiche conseguenze di morte culminanti nello sterminio della Shoà.

Dopo le ripetute decimazioni dei lebbrosi e gli espropri dei loro beni, intorno alla metà del XIV secolo ecco esplodere in Europa il flagello della peste bubbonica. I ratti, nascosti nelle stive delle navi provenienti dal Vicino Oriente e portatori del bacillo della peste, contagiavano soprattutto le derrate alimentari e quindi la popolazione che ne faceva uso. Ovviamente non si conosceva la causa di questa malattia perciò, dovendo trovare dei responsabili, la colpa ricadde sugli ebrei.

L'idea ossessiva del complotto ebraico, ordito contro la società costituita, iniziò a divenire un motivo ricorrente che il "potere" da allora usò a sua convenienza. Tale informazione distorta rendeva le menti delle persone incapaci di discernere la verità dei fatti, favorendo così il disegno criminoso delle classi dominanti di trovare negli ebrei il capro espiatorio delle contraddizioni sociali.

«Ad essere sinceri – interviene Lello Perugia – questo accade anche ai nostri giorni e in modo persino più capillare, essendo i mezzi di informazione tecnicamente più efficienti. La storia dovrebbe aver insegnato qualcosa agli uomini, per il ripetersi sotto forme diverse di questi crimini commessi per assurdi motivi di religione o di razza. La disinformazione manovrata dal potere politico crea nella mente degli uomini una falsa coscienza foriera di odi e rancori tra le genti, che a loro volta portano alla formazione di spietati carnefici di cui abbiamo visto le diligenti azioni assassine».[1]

Lello Perugia, un combattente ebreo, dopo gli insuccessi della Resistenza romana nella battaglia di Porta San Paolo[2], abbandonò la città di Roma per arruolarsi nelle formazioni partigiane "Liberty". Il territorio in cui si trovò a operare era l'Appennino abruzzese. La formazione partigiana era specia-

---

[1] I virgolettati nel capitolo si riferiscono a una conversazione tra l'autore e il partigiano avvenuta nel 1998 (ndr).

[2] L'ultimo tentativo da parte di ciò che rimaneva dell'esercito italiano di arrestare l'avanzata tedesca su Roma; nello scontro, avvenuto il 10 settembre 1943, i militari furono affiancati da numerosi civili (ndr).

lizzata in azioni di sabotaggio nelle retrovie tedesche; durante una di queste azioni contro alcuni convogli in transito sulla via Marsicana, Lello venne catturato dai nazisti e rinchiuso nel vicino carcere di Borgorose (Ri), allora Borgocollefegato. Nell'aprile 1944 venne trasferito nella prigione romana di via Tasso, luogo tristemente noto per le crudeltà che vi compì il colonnello delle SS Herbert Kappler.

Le finestre "a bocca di lupo" delle celle bastavano ai prigionieri giusto per respirare. L'ingresso era consentito solo ai fascisti repubblichini e alle SS, che avevano il compito di estorcere ai prigionieri, sotto tortura, informazioni vitali sulla Resistenza romana. Nell'attuale Museo storico della Liberazione di via Tasso si possono vedere ancora oggi le camicie dei prigionieri imbrattate di sangue, alcuni strumenti di tortura e i graffiti lasciati sui muri dagli internati.

Il massacro delle Fosse Ardeatine si era già tragicamente consumato quando Lello venne trasferito in via Tasso, nel palazzo di proprietà del conte Ruspoli. Da qui i prigionieri ebrei venivano solitamente portati nel terzo braccio del carcere di Regina Coeli, meglio conosciuto come "braccio politico" della Gestapo. Lello non fece eccezione anche perché, come partigiano combattente, in via Tasso poteva costituire un pericolo per un'eventuale rivolta. A Regina Coeli fu interrogato sommariamente dalla Gestapo che, venuta a conoscenza della sua identità, emise l'ordine di deportarlo in Germania per il "trattamento speciale" riservato agli ebrei.

«"Alles Juden!", urlava il medico SS quando iniziava la selezione per la camera a gas», racconta Lello ancora frastornato da quella voce diabolica. Il gas Zyklon B, prodotto dalla ditta farmaceutica tedesca IG-Farben, era somministrato come arma letale solo agli ebrei e agli zingari.

Tutti gli ebrei catturati in Italia dalle SS e dai fascisti venivano inviati al centro di raccolta di Fossoli di Carpi, vicino Modena, secondo una tecnica ormai collaudata nell'Europa orientale: ammassare tutti gli ebrei in un unico centro e da questo, a scaglioni, deportarli nei lager di sterminio del Terzo Reich.

La fortezza-prigione di Theresienstadt (Terezín in ceco), a nord di Praga, funzionava proprio in questo modo. I criminali nazisti, per motivi di propaganda, vi permisero addirittura controlli umanitari da parte della Croce Rossa che, ingannata da una mistificazione condotta ad arte dai tedeschi[3], non poté verificare le condizioni disumane in cui in realtà erano tenuti gli internati, né tantomeno il tragico destino che attendeva molti di loro. A Theresienstadt erano attive due sale di dissezione e quattro forni crematori: possibile che i volenterosi ispettori della Croce Rossa non riuscirono a vedere nulla di tutto ciò? I nazisti, nei loro falsi documentari, mostravano partite di calcio tra le SS e i prigionieri, oppure ebrei seduti nei locali del campo intenti a sorseggiare un caffè, mentre il popolo tedesco era impegnato sul fronte di guerra. Le cose, ovviamente, non stavano affatto così. Da Terezín partivano convogli pieni di ebrei diretti in diversi campi di sterminio, da dove nessuno di questi esseri umani faceva ritorno.

Lello Perugia, deportato ad Auschwitz, venne subito marchiato sul braccio con numero di matricola A15803. Nel campo si mise alla ricerca dei fratelli, condotti qui dopo il rastrellamento del ghetto di Roma. Ma qualcuno dovette dirgli che essi non ce l'avevano fatta: forse inadatti al lavoro, erano stati subito selezionati e inviati alla camera a gas. Lello invece si salvò dalla selezione del dott. Mengele,

---

[3] In occasione dell'ispezione della Croce Rossa, il campo fu "rimesso a nuovo" nel tentativo di dare un'impressione di condizioni di vita dignitose (intere strutture furono costruite addirittura *ex novo*). Nel 1944 vi fu girato persino un film di propaganda che mostrava i benefici del reinsediamento degli ebrei e la magnanimità dei tedeschi nei loro confronti (*ndr*).

come egli stesso racconta, per i suoi occhi azzurri che ispiravano in qualche modo familiarità o simpatia al carnefice ariano di turno.

«Restai ad Auschwitz per qualche mese. Ogni mattina, dopo appelli estenuanti, si usciva accompagnati dalle note di una banda musicale per lavori inutili e si ritornava la sera. Di nuovo appelli di controllo, sempre immobili, sotto la pioggia o la neve. Stavo molto attento a non perdere il cucchiaio con cui mangiare quella brodaglia fatta di acqua, rape e un pezzo di pane mescolato a segatura.

La mia pelle cominciava a lacerarsi e a riempirsi di piaghe. Andare al Ka-Be, cioè all'infermeria[4], significava avvicinarsi alla camera a gas. Prima della fine dell'estate venni trasferito a Monowitz[5], alla Buna, ai lavori forzati per la produzione di gomma per il Terzo Reich. In questa "dependance" di Auschwitz incontrai Primo Levi e il medico Leonardo De Benedetti, entrambi appartenenti alla Comunità ebraica di Torino e deportati in questo lager.

Si formò un piccolo gruppo di italiani e ogni tanto verso il tramonto potevamo incontrarci su di un pianerottolo alcuni minuti per discutere, essendo la sorveglianza delle SS alla Buna meno rigida. De Benedetti una sera raccontò che, giorni prima, era finito nel gruppo dei selezionati per la camera a gas. Trovò il coraggio di uscire dal gruppo dei condannati per dire a Mengele che anche lui era un medico. "Ich bin Arzt", disse con forza, e per questo venne momentaneamente "graziato" dall'angelo della morte.

---

[4] In tedesco *Krankenbau* (*ndr*).
[5] Uno dei tre campi principali che costituivano il complesso di internamento di Auschwitz. Situato vicino al villaggio di Monowice (Monowitz in tedesco), in Polonia, fu costruito nei pressi dell'impianto di produzione di gomma sintetica Buna Werke (*ndr*).

Per me le cose andavano diversamente. Quando suonava a sorpresa l'allarme nella baracca per la selezione, nessuno poteva più uscire e muoversi dal suo posto. Il mio vantaggio, però, era quello di essere avvisato per tempo sul giorno della selezione dagli amici medici-dentisti della Resistenza del lager, essendo stato in Italia un partigiano-combattente. Mi rimettevano un po' in forma con dei massaggi, in modo da apparire al medico SS in buone condizione di salute e questa preparazione mi faceva superare l'esame della morte.

Primo Levi era stato trasferito alla Buna perché chimico. Forse poteva collaborare nel procedimento di lavorazione della gomma e quindi essere utile al Reich. Levi comunque parlava poco, forse per il suo carattere riservato. Il domani nel lager non esisteva.

Il senso dell'umorismo, anche in quelle circostanze drammatiche, comunque non mancava: si sarebbe persa la tradizione! Un giorno, all'avvicinarsi della sera, fui colto da un forte stimolo a urinare e dissi brutalmente, ma con naturalezza, ai miei compagni: "Vado a pisciare". Giulio Jona di Torino, direttore del banco San Paolo, mi riprese con tatto e cortesia dicendomi con garbo: "Non si dice pisciare, bensì mingere".

Iniziava il terribile inverno polacco del 1944-45. Ero stremato, sentivo di non avere più le forze per continuare. Rincorrevo persino i cani dobermann al guinzaglio delle SS per racimolare qualche briciola di cibo che cadeva dalle loro bocche. Mi resi conto allora che, se avessi voluto vivere, avrei dovuto inventarmi qualcosa. Ed ecco cosa pensai di fare.

Dissi alla SS di turno nella baracca che soffrivo di dissenteria e che per questa ragione volevo recarmi nel Ka-Be per una visita medica. Non mi credette e mi condusse alla latrina più vicina per accertarsi sulla veridicità della mia richiesta. Entrai subito nella latrina, sbattendo la porta per non essere visto. Gettai allora nel vaso per escrementi un po' di sabbia gialla antincendio, che avevo nascosto nelle mie tasche. Uscii dal *macomme*[6] fingendo di sistemarmi i pantaloni, mentre la SS andava a controllare. Per fortuna non capì il trucco e mi lasciò andare indisturbato nell'infermeria, dove ritrovai Primo Levi che soffriva per una fastidiosa malattia della pelle. Si grattava continuamente, poveretto. Restammo nel Ka-Be per circa sei giorni.

Intanto le gassazioni nel lager erano state sospese già da qualche mese. I signori delle SS smontavano in fretta le camere a gas per occultare al mondo i loro efferati crimini: inseguiti dall'Armata Rossa vittoriosa nella battaglia di Stalingrado, i nazisti fuggivano come topi impauriti verso Berlino nella speranza di trovare nelle fogne della loro amata città un nascondiglio in cui rifugiarsi.

Restammo tappati nell'infermeria, non sapendo nulla degli eventi che stavano accadendo intorno a noi. Sentivamo solo il sibilo delle granate dell'esercito sovietico esplodere nel campo ormai abbandonato dalle SS. Allora compresi che la liberazione era vicina e, insieme a Levi, uscii dal Ka-Be.

Uno spettacolo allucinante si presentò ai nostri occhi. Ovunque cumuli di cadaveri, che le SS non avevano avuto il tempo di bruciare. I soldati sovietici ben armati ed equipaggiati non credevano a quello che stavano vedendo. Avvolto in una coperta presa dall'infermeria, mi sedetti allora vicino a una delle baracche per riscaldarmi e soprattutto per riflettere sulla immane tragedia vissuta. Qualcuno ha detto che Auschwitz è stato il silenzio di D-o, ma io invece sostengo che Auschwitz è stato il "silenzio" dell'uomo di fronte al male.

I nazisti avevano distrutto non solo la mia famiglia, ma avevano risucchiato anche la forza della mia mente in quel

---

[6] "Latrina", secondo un'espressione dialettale romanesca derivata dall'ebraico (*ndr*).

buco nero, dove la gravità del male era riuscita a fermare il
tempo. Sono stato internato nel lager per circa sette mesi, ep-
pure mi è sembrata un'eternità. Non saremmo dovuti giungere a questa disumana e mostruosa realtà. Sottovalutare il
carnefice è stato il più grande errore della nostra storia. Mia
madre Emma si oppose con forza per non consegnare a Kappler i 50 chilogrammi d'oro richiesti: quell'oro sarebbe dovuto servire a comprare le armi per combattere il nazi-fascismo,
secondo le sue valutazioni politiche. Ma non vi fu nulla da
fare. I benpensanti ai vertici della Comunità ebraica conse-
gnarono l'oro sperando di farla franca, ma si sbagliarono, e
di grosso. Dare al carnefice un dito vuol dire dargli tutta la
mano, dargli tutta la vita.

Le truppe sovietiche che liberarono Auschwitz raggrup-
parono tutti i deportati scampati alla morte e ci portarono,
noi larve umane, nella città di Katowice. In questa cittadina
era stato allestito dai sovietici anche un campo di raccolta per
i prigionieri italiani dell'Armir[7], reduci dalla disastrosa campagna militare contro la Russia voluta dal regime fascista di
Benito Mussolini.

Chi non conosce i racconti di Giulio Bedeschi descritti
nel suo libro *Centomila gavette di ghiaccio*? La grande steppa
russa era diventata un vero cimitero per i nostri poveri soldati italiani, che affondavano nelle neve sfiniti dal freddo e
dalla fame. Molti di loro non hanno più fatto ritorno nelle
proprie dimore, nel proprio focolare domestico, per abbracciare i loro cari.

A Katowice il gruppo degli ebrei iniziò a stare meglio, grazie al vitto e agli alloggi più dignitosi e soprattutto più umani.
La mia salute in poco tempo migliorò, tanto che ebbi persino
un'avventura erotica con una donna polacca. Ne fui molto

---

[7] Armata italiana in Russia (*ndr*).

felice in quanto pensavo che la permanenza nel lager mi avesse reso impotente. La notizia della mia avventura si diffuse tra gli altri amici del gruppo e ne scaturì un festoso consenso generale perché molti di noi, dopo l'inferno di Auschwitz, si ritenevano incapaci di qualsiasi rapporto.

Ci stavamo preparando per il ritorno, quando tornarono ad alzarsi minacciosi nuovi venti guerra. Nel mese di luglio 1945, alla conferenza di Potsdam si inasprirono i rapporti fra Truman e Stalin per il controllo dei territori sulla linea di confine Oder-Neisse. Stava per iniziare la guerra fredda, che Winston Churchill stigmatizzò poi con la nota espressione di "cortina di ferro".

I sovietici allora si prepararono al peggio e mi portarono con loro a Bratislava ad armare i lanciarazzi "katyusha". Stanco com'ero, non sarei voluto andare e per di più ero sfiduciato dal comportamento di Stalin che aveva fatto assassinare numerosi compagni di partito, Lev Trotsky compreso.

In realtà Stalin era un cinico tiranno e purtroppo questa verità ha tardato molto a farsi strada, soprattutto in Occidente, per la disinformazione oculata dei vari partiti comunisti. Sono arcinote le sue connivenze politiche con la Germania di Hitler ai danni della Polonia e dei paesi baltici, per non parlare dei gulag dove milioni di compagni hanno perso la vita tra la fame, il freddo siberiano e le torture.

Per fortuna le ostilità cessarono sul nascere, perché la bomba atomica su Hiroshima cambiò il corso della storia a favore del capitalismo e lo stesso Stalin dichiarò guerra al Giappone alcune ore prima della sua resa, dimostrando ancora una volta il suo cinismo politico.

C'è da essere pessimisti – prosegue Lello mentre accarezza Ugo, il suo grande cane nero che mi fa sempre le feste –. È terribile a credersi, ma la storia avanza, calpestando le sue stesse vittime. È un gioco crudele dove i carnefici non vogliono riconoscere i crimini commessi. Negare la memoria storica della violenza praticata significa ricreare sotto altre sembianze le condizioni sociali perché essa possa ripetersi.

Dall'antigiudaismo cristiano basato sulla mostruosità teologica del deicidio, si passa all'Inquisizione spagnola del Torquemada, per finire con il moderno antisemitismo di marca nazista basato sulla razza. Cosa si inventeranno i carnefici in futuro? È già pronto l'antisionismo, mascherato dalla causa palestinese, che aspetta solo la prima occasione per conficcare un coltello affilato nella gola dello Stato di Israele. Un assedio politico e mediatico è già in atto, come puoi leggere dai giornali e soprattutto dalle agenzie di stampa, prezzolate da lobby antisemite per demonizzare il popolo ebraico, "reo" di essere sopravvissuto allo sterminio nazista e di aver creato dal nulla uno Stato forte e democratico nel Medio Oriente.

Leggevo ultimamente che il sindaco di Auschwitz, un certo signor Janusz Marszalek, vorrebbe demolire la fabbrica del lager, oggi adibita a museo, per costruire un gigantesco supermercato. La fabbrica, che si trova in prossimità della rampa dove avvenivano le selezioni dei prigionieri, venne costruita con il sangue dei deportati ebrei e duemila donne, tutte ebree, furono costrette a lavorarvi come schiave per il Terzo Reich fino alla loro totale eliminazione nelle camere a gas. Tacendo la verità storica, il sindaco di Auschwitz rincara la dose e aggiunge: "Gli affari sono affari". In una nazione come la Polonia mancano forse gli spazi per costruire un supermercato? Il carnefice percorre un doppio binario: da una parte tenta di sterilizzare la memoria storica degli eventi accaduti, mentre dall'altra cerca di appropriarsene in modo falso e tendenzioso. La creazione di un convento di suore Carmelitane all'interno del lager di Auschwitz, che senso può avere se non

quello di mistificare la storia[8]? Allora perché non gridare che
oltre il 90% delle persone trucidate ad Auschwitz erano ebrei,
compresi i miei due fratelli che non ho più potuto riabbrac-
ciare? – domanda Lello con grande dolore.

Quando nel 1946 riuscii finalmente a tornare in Italia, dopo
tante peripezie e su un aereo di fortuna (dovendomi pagare
anche il biglietto!), la prima cosa che feci fu quella di telefona-
re a mia madre Emma, che non mi riconobbe subito perché il
tono della mia voce era cambiato. Non mi lasciai scoraggiare
per questo, e gridai con forza: «Mamma, sono Lello!».

Devo molto a mia madre e ai suoi insegnamenti. Come
ti ho già detto, lei era contraria a consegnare i 50 chili d'oro
a Kappler. Quell'oro doveva servire a combattere il nazifascismo. Una democrazia ben armata è un forte deterrente contro le avventure totalitarie. Se la Repubblica di Weimar fosse
stata tale, certamente i nazisti non avrebbero avuto la forza di
prevalere e le cose in Europa sarebbero di certo andate diversamente, soprattutto per quanto riguarda gli ebrei.

Piuttosto, caro Fulvio, vorrei ora farti riflettere su questo.
Perché Kappler chiese proprio 50 chili d'oro, e come mai Ju-
lius Streicher[9], impiccato a Norimberga insieme a nove suoi
compari nazisti, ebbe a gridare: "Purim 1946"? C'è dell'im-
ponderabile in tutta questa storia, che la ragione umana per
ora non riesce a comprendere.

Bisogna essere anche obiettivi, prendendo in considera-
zione anche l'altra faccia della medaglia. Nel momento in

---

[8] Nel 1984 otto Carmelitane si stabilirono all'interno del campo, suscitando
la viva reazione della Comunità ebraica ma anche di parte del mondo cattolico
contro quello che fu percepito come un tentativo di "cristianizzazione" della
Shoà. La polemica si trascinò fino al 1993, quando le religiose accettarono finalmente di trasferirsi (ndr).

[9] Politico e membro del partito nazista, dal 1923 al 1945 fu editore di *Der
Stürmer*, settimanale violentemente antisemita. Fu condannato a Norimberga in
quanto ritenuto tra i principali istigatori dell'odio razziale contro gli ebrei (ndr).

cui il potere politico comincia a dominare ogni cosa, diviene cioè "totalitario", l'uomo diventa incapace di reagire perché vittima della paura e della disinformazione. Ed è con questa realtà che bisogna fare i conti e a partire da essa compiere le proprie scelte: arrendersi o combattere per la libertà. Non possiamo nasconderci dietro un dito, per finire poi con vigliaccheria a baciare la mano del nostro carnefice.

Il mio compagno nel lager di Auschwitz, Primo Levi, era terribilmente scosso e amareggiato per la triste e infame realtà che stavamo vivendo. Anni fa mi scrisse questa lettera[10] per comunicarmi il risultato del contenzioso legale tra noi sopravvissuti al lager e le industrie IG-Farben, che allora producevano il gas mortale chiamato Zyklon B. Tale industria chimica, oggi conosciuta come Bayer[11], è stata condannata dal tribunale tedesco per collusione con il nazismo nel piano di sterminio e obbligata a risarcire le vittime, seppure con somme irrisorie. Può sembrare, questa condanna, una svolta nella giustizia tedesca, ma non è affatto così. Alle vittime sopravvissute viene solo dato un "contentino", una pseudo-giustizia mascherata da ipocrisia».

Mentre Lello mi mostrava la lettera di Levi, riflettevo se qualcosa nel nostro presente fosse cambiato. Poco, molto poco. Primo Levi, un vero gigante della memoria, a cui la società dei benpensanti non ha voluto dare un giusto riconoscimento per le sue opere, si tolse la vita in modo violento[12]. Tutti siamo rimasti scossi, amareggiati e soprattutto demoralizzati.

«Che fare allora? – aggiunge Lello con una voce profon-

---

[10] Che il partigiano mostrò all'autore durante il colloquio (*ndr*).

[11] La Bayer, insieme a BASF e AGFA (per citare le più famose), fu una delle società che, all'indomani della Grande Guerra, si fusero per costituire la multinazionale IG-Farben; dopo la seconda guerra mondiale, tornò ad essere autonoma (*ndr*).

[12] Primo Levi fu trovato morto nell'aprile 1987 nella sua casa di Torino, dopo una caduta dalle scale che i più ritennero non accidentale (*ndr*).

da che "nemmeno sua madre Emma lo riconobbe al telefono" –. Certamente non dimenticare che la distruzione di sei milioni di vite umane è stata resa possibile per la volenterosa collaborazione di uomini comuni, che hanno compiuto il male: compilando una lista, guidando un treno, mettendo del filo spinato ecc. … La memoria è la forza della nostra mente che aiuta l'uomo a non rinnegare la propria umanità e a capire dove si nasconde il male, per identificarlo anche sotto altre sembianze. Con il progresso della scienza l'uomo ha molte più possibilità di "umanizzare la natura", per dirla con Carlo Marx, ma ha anche più possibilità di distruzione nei suoi confronti. Ecco dunque l'uso della scienza secondo un'etica praticata e vissuta. I nazisti, o forse è meglio dire i tedeschi in generale, hanno usato il progresso tecnico e scientifico che avevano a loro disposizione per l'annientamento di intere popolazioni di esseri umani».

Lello Perugia è vissuto a Roma con la sua famiglia fino alla morte, nel 2010. Partigiano-combattente per la libertà, ha sempre sperato in un mondo migliore nonostante la minaccia del "totalitarismo" fosse sempre dietro l'angolo e pronta a esplodere, per colpire ancora.

Ecco come questo uomo straordinario viene descritto da Primo Levi nel romanzo *La Tregua*:

Cesare, invece, lo conoscevo appena, poiché era arrivato alla Buna da Birkenau pochi mesi prima. Mi chiese acqua prima che cibo. Acqua perché da quattro giorni non beveva, e lo bruciava la febbre e la dissenteria lo svuotava. Gliene portai insieme con gli avanzi della nostra minestra, e non sapevo di porre così le basi di una lunga e singolare amicizia.

APPENDICE
IL GIORNO DELLA MEMORIA A YAD VASHEM

Il 27 gennaio 2012, sessantasette anni dopo la liberazione del lager di Auschwitz, S.E. dott. Luigi Mattiolo, allora ambasciatore d'Italia in Israele, tenne nella sala di Yad Vashem a Gerusalemme un discorso magistrale di commemorazione e riflessione sui tragici eventi che si abbatterono come una maledizione sull'Europa durante la guerra. Nelle sue parole si uniscono le memorie e le cronache storiche, nonché le speranze per una società migliore che possa combattere, attraverso l'informazione, la barbarie degli uomini, sempre pronta a esplodere. Quello dell'ambasciatore fu un discorso sentito che raggiunse il cuore dei presenti; è stato il discorso di un uomo che crede nella giustizia ed è pronto a lottare per essa.

È un onore per me poter aggiungere al mio modesto lavoro questa piccola "perla", che certamente contribuirà a portare nel cuore e nelle menti forza, dignità e maggiore libertà.

A Yad Vashem si alzano le fiamme, gridano le parole, si piangono i bambini, si chiamano i nomi e si recitano preghiere. Israele vive nel silenzio, vive in quella cenere, per non dimenticare che il male rinasce tra le fiamme di nuove menzogne.

Commemorazione tenuta da S.E. l'ambasciatore d'Italia
Dott. Luigi Mattiolo[1] nella sala delle Rimembranze
in Gerusalemme nel Giorno della Memoria,
27 gennaio 2012

Rappresentanti delle Istituzioni italiane in Israele,
Cari amici della Comunità ebraica italiana

Voglio ringraziarVi per aver accolto il nostro invito a celebrare il Giorno della Memoria in questo luogo di Yad Vashem, unico al mondo.

Il Giorno della Memoria è stato istituito nel nostro paese da una legge del 22 luglio 2000 intitolata al ricordo della persecuzione e dello sterminio del popolo ebraico e dei deportati militari e politici italiani nei lager nazisti.

Ci uniamo oggi da Gerusalemme a quanti in Italia seguono questa giornata con commemorazioni ufficiali, istituzionali, pubbliche e anche private. A cominciare dal Quirinale, dove il capo dello Stato Giorgio Napolitano stamane riceverà i rappresentanti delle Comunità ebraiche italiane e le Istituzioni educative in un incontro dedicato ai programmi scolastici di approfondimento sui temi della Shoà.

Alla cerimonia, oltre il sig. presidente della Repubblica, interverranno il ministro della Pubblica Istruzione Francesco Profumo e il presidente dell'Unione delle Comunità ebraiche avvocato Renzo Gattegna.

Trovo significativo che il vice primo ministro di Israele Silvan Shalom abbia voluto recarsi a Roma per commemo-

---

[1] Mattiolo ha ricoperto l'incarico fino a luglio 2012; ad agosto è stato sostituito dall'attuale ambasciatore, S.E. dott. Francesco Maria Talò. Le diverse cariche istituzionali cui Mattiolo fa riferimento sono perciò da mettere in rapporto con la data del discorso (ndr).

rare con le più alte cariche dello Stato italiano il Giorno della Memoria, partecipando su invito del presidente Napolitano a questa cerimonia al Quirinale.

La valenza educativa del Giorno della Memoria è stata sottolineata anche il 19 gennaio a Palazzo Chigi dal ministro per la Cooperazione internazionale e l'Integrazione Andrea Riccardi che ha richiamato, nel presentare una serie di iniziative governative per commemorare quest'anno la Shoà, l'importanza del "sito Internet". La memoria difatti deve essere qualcosa di sentito e lontano dalla retorica, in modo che possa penetrare nell'animo dei giovani, che sappiamo essere particolarmente esposti all'insorgenza di nuovi pregiudizi e di intolleranza, disseminati attraverso la rete Internet.

Sono innumerevoli, cari amici, le iniziative grandi e piccole, ufficiali e anche spontanee che caratterizzano in Italia il Giorno della Memoria, a conferma che la consapevolezza della tragedia della Shoà si fa strada nel comune sentire. È difficile citare tutti gli eventi che in questi giorni seguono questa triste ricorrenza in Italia. Permettetemi di richiamare solo alcuni di questi.

La tavola rotonda *La Shoà e l'identità europea*, sulla nascita dell'Europa Unita dalle ceneri della seconda guerra mondiale con uno sguardo all'Europa di oggi, è stata ospitata dalla Presidenza del Consiglio. Il convegno di studi in ricordo della Shoà è stato organizzato presso la Scuola superiore dell'Amministrazione civile del ministero dell'Interno ovvero presso l'Istituto di formazione della carriera prefettizia e delle forze di Polizia, che sappiamo essere chiamate negli ambienti rispettivi ad affrontare molti degli aspetti terribili della recrudescenza dell'antisemitismo, con la quale ci confrontiamo in questo momento.

E ancora la mostra sui ghetti istituiti dai nazisti è stata allestita presso il complesso del Vittoriano e un nuovo sito web è stato realizzato dalla fondazione CDEC[2] in nome della Shoà italiana. Si tratta della messa *on line* dell'elenco dei cittadini ebrei vittime della Shoà in Italia durante la Repubblica Sociale Italiana.

Sempre in campo educativo, giorni fa è stata lanciata una "rete nazionale"[3] per unire e incoraggiare i docenti universitari che intendono approfondire lo studio della Shoà e acquisire gli strumenti conoscitivi necessari alla sua didattica. In altri termini una rete per dare ausilio ai docenti, la cui presenza è di conforto a fronte dei tremendi segnali che nascono nel mondo accademico e prendono la forma di rigurgiti negazionisti antisemiti, di cui la cronaca è dovuta tornare a occuparsi.

Questa rete di informazione di supporto è stata presentata ufficialmente in Roma dal presidente della Camera Gianfranco Fini e dal ministro dell'Istruzione Profumo. Essa potrà contare sul contributo di circa 40 professori appartenenti a diverse Università pubbliche e private a partire da Torino, Catania, Roma.

L'iniziativa ha principiato a muovere i suoi primi passi nell'aprile dello scorso anno nell'Università di Teramo grazie al prof. Paolo Cohen, ricercatore in Storia dell'Arte moderna dell'Università della Calabria e ideatore di questo *network*.

Perché ho voluto dilungarmi su questo progetto e attirare la vostra attenzione? Perché ritengo che abbia il grande merito di agire e di reagire con coraggio proprio sul terreno da cui scaturiscono pericolosi segnali di negazionismo e di antisemitismo. Non dimentichiamo che proprio all'Università di Teramo nel 2010 si era tenuta una contestata lezione sul negazionismo ad opera del prof. Claudio Moffa, lo stesso che

---

[2] Centro di documentazione ebraica contemporanea (*ndr*).
[3] Cfr. http://gdmuniversita.blogspot.it/ (*ndr*).

aveva invitato nell'Ateneo suddetto il francese Robert Faurisson, che sappiamo essere uno dei più celebri negazionisti della Shoà a livello mondiale.

La consapevolezza che ogni sforzo vada compiuto a beneficio delle giovani generazioni trova riscontro anche nella decisione del ministro Profumo che, a poche settimane dal suo insediamento, ha voluto accompagnare insieme al presidente Gattegna un folto gruppo di studenti, in rappresentanza di tutte le scuole italiane, in una visita ad Auschwitz e nei lager di sterminio dove i deportati ebrei affrontarono i momenti più tragici della loro storia.

Costantemente affiancato da due testimoni, i sopravvissuti Sanny Modiano e Tatiana Buzzi, il ministro Profumo ha reso noto che il nuovo governo è pronto ad assumersi l'impegno di portare la Memoria fuori e oltre la ritualità ufficiale di una sola giornata. «Il nostro impegno – ha detto – deve rivolgersi alla formazione costante degli insegnanti, al coinvolgimento a tutto campo nel quadro dell'intero curriculum e del calendario di lavoro per affermare una cultura della memoria e del rispetto dei diritti dell'uomo». Il ministro Profumo ha voluto ascoltare l'esperienza dei sopravvissuti anche nella ferita dell'esclusione dei bambini ebrei italiani dall'istruzione pubblica operata nel 1938 dalla legislazione fascista di Mussolini. Oltre al marchio dell'infamia, tali leggi razziali, una volta introdotte, segnarono l'inizio della persecuzione degli ebrei italiani e del loro successivo sterminio.

Il presidente Gattegna, nell'introdurre la visita ad Auschwitz-Birkenau, si è rivolto agli studenti che lo accompagnavano con le seguenti parole:

«Che cosa mi auguro che accada in voi? Che comprendiate e che ricordiate. Che comprendiate a costo di soffrire, perché questo è un viaggio per persone adulte, non per ragazzi, e che ricordiate affinché si sviluppi in voi una reazione di anticorpi tale che per tutto il resto della vostra vita vi possa difendere dal pericolo insito in qualsiasi ideologia razzista. La vera sfida del presente e del vostro futuro è proprio la Memoria. Così come avete visto i nazisti cancellare le prove dei loro crimini, parimenti nel mondo della politica e della storiografia si stanno sviluppando tentativi di riduzione o di negazione della Shoà. Costoro non sono semplici pensatori, ma gli eredi e i continuatori dell'opera malvagia dei nazifascisti. E come quelli cercarono di distruggere le prove dei crimini commessi, così questi oggi, manipolando la storia e la memoria, cercano di distruggere e cancellare anche il ricordo delle persone assassinate. Vogliono insomma completare il lavoro sporco dei loro antenati con la stessa mancanza di umanità per poter uccidere una seconda volta».

Parto da queste parole dell'amico Gattegna per sviluppare insieme a voi una riflessione del momento che stiamo vivendo. La storia, in particolare europea ma non solamente, dimostra che quando la crisi nella società diventa grave e acuta soprattutto per motivi economici, accade che i suoi componenti umani vengano a perdere certezze e punti di riferimento per il proprio futuro. Emergono allora frustrazioni, disagi, violenze e diviene più forte il rischio di una deriva totalitaria, dove l'altro, percepito come diverso, diventa il colpevole della propria rovina. Difatti queste situazioni di crisi economica e sociale sono l'ideale terreno di coltura per la proliferazione dei germi dell'odio razziale, a cominciare proprio dall'antisemitismo.

Non credo che possiamo illuderci che certi fantasmi del passato siano facilmente superati e che gli "anticorpi" cui faceva riferimento il presidente Gattegna nel suo discorso siano sufficientemente diffusi nel nostro organismo sociale. E siccome le crisi socio-economiche sono soggette a ripetersi, sta a ognuno di noi aiutare a sviluppare questi benedetti anticorpi con la nostra testimonianza, con il nostro impegno e con la nostra denuncia, quando necessario. Guai a tollerare, fosse anche con il nostro stesso silenzio, la ricomparsa di luoghi comuni radicati che il tempo non rende né desueti né innocui, come quelle odiose teorie di "complotto" ordito dietro le quinte del Potere e che in passato hanno reso possibile l'indicibile, cioè lo sterminio del popolo ebraico.

Per tali motivi le Istituzioni, oggi, mettono particolare accento sull'aspetto educativo di questa giornata e in generale vogliono preparare sul tema della Shoà in primo luogo gli educatori stessi, chiamati a sensibilizzare le giovani generazioni.

Come ha dichiarato ieri il ministro degli Affari Esteri, il senatore Terzi d'Agata, siamo tutti chiamati a ricordare alle generazioni gli orrori di quegli anni di tragedia affinché i nostri figli, convinti e liberi, siano protagonisti della battaglia contro ogni forma di discriminazione nella memoria di ciò che accadde. Proprio a questo fine e grazie all'impegno di Istituzioni italiane e israeliane, hanno assunto un rilievo crescente i seminari per insegnanti italiani organizzati proprio alla Scuola internazionale per gli Studi della Shoà a Yad Vashem, dove si tengono due volte ogni anno corsi di preparazione secondo gli accordi presi con il nostro ministero dell'Istruzione.

Vorrei concludere questa mia esposizione non solo ringraziando Yad Vashem per la sua ospitalità, ma anche con l'annuncio che il nuovo ministro della Giustizia Paola Severino ha accolto la mia richiesta di aiutare Yad Vashem a reperire alcuni documenti determinanti per il riconoscimento di cittadini italiani tra i "Giusti delle nazioni", ovvero i non ebrei che negli anni delle persecuzioni e della Shoà seppero guardare alla propria coscienza di cristiani e aiutare alcuni ebrei, salvando loro la vita. Se anche uno solo dei casi sottoposti alla Commissione sarà risolto grazie al fattivo intervento dei nostri archivi presso i tribunali locali, saremmo felici di aver dato un contributo alla storia dei nostri due paesi, ma soprattutto di aver assolto anche sotto questa forma all'imperativo della Memoria, che per noi resta il miglior strumento a disposizione per tenere desta la nostra coscienza e quella dei nostri figli.

Vi ringrazio.

Bibliografia

La strada del ricordo

Dwork D., *Nascere con la stella. I bambini ebrei nell'Europa nazista*, Venezia 1994

Fondazione Anne Frank, *Anne Frank nel mondo, 1929-1945*, Amsterdam 1989

Frank A., *Diario*, a cura di Otto Frank e Mirjam Pressler, Torino 1993

Frank A., *Racconti dell'alloggio segreto*, Torino 1983

Gies M., *Si chiamava Anne Frank*, Milano 1988

Lindwer W., *Gli ultimi sette mesi di Anne Frank*, Roma 1989

Muller M., *Anne Frank. Una biografia*, Torino 2004

Schnabel E., *Anne Frank. Spur eines Kindes*, Frankfurt am Main 1958

Steenmeijer Anna G., *A Tribute to Anne Frank*, New York 1971

Van der Rol R., Verhoeven R., *Anne Frank. Album di famiglia*, Milano-Amsterdam 1992

L'eccidio di Caiazzo

Agnone G., Capobianco G., *La barbarie e il coraggio*, Napoli 1990

Bodei R., *Libro della memoria e della speranza*, Bologna 1995

Giannantoni F. (a cura di), "Le stragi occultate", in *Triangolo Rosso*, Giornale a cura della ANED, 1 (2000), pp. 12-19

Klinkammer L., *Stragi naziste in Italia*, Roma 1997

Pavone C., *Una guerra civile*, Torino 1991

Schreiber G., "L'eccidio di Caiazzo e le miserie della giustizia tedesca", in *Italia Contemporanea*, 201 (1995), pp. 661-685

Schreiber G., *La vendetta tedesca*, Milano 2000

Il "Cesare" di Primo Levi

Arendt H., *La banalità del male. Eichmann a Gerusalemme*, Milano 1992

Bettelheim B., *Sopravvivere*, Milano 1988

Dov Kulka O., *Paesaggi della Metropoli della morte*, Milano 2013

Grossman V., *L'inferno di Treblinka*, Milano 2013

Lanzmann C., *Shoah*, Milano 1987

Levi P., *Se questo è un uomo*, Torino 1956

Levi P., *La Tregua*, Torino 1963

Levi P., *I sommersi e i salvati*, Torino 1986

Indice

Incontri
a Sichar

La città di Sichar è citata una sola volta nella Bibbia, nel vangelo secondo Giovanni (4,5). È il luogo dell'incontro tra Gesù e la donna samaritana. Un incontro destinato a superare le barriere del sospetto e del pregiudizio, qualunque ne sia l'origine.
Il logo della collana riprende l'immagine stilizzata di Sichar come appare nella carta musiva (VI sec.) della Terra Santa che si trova a Madaba, in Giordania.

I volumi della collana